Jochen Reiss

111 Orte rund um Hamburg, die man gesehen haben muss

emons:

Bibliografische Information der Deutschen Nationalbibliothek
Die Deutsche Nationalbibliothek verzeichnet diese Publikation
in der Deutschen Nationalbibliografie; detaillierte bibliografische
Daten sind im Internet über http://dnb.d-nb.de abrufbar.

© Emons Verlag GmbH
Alle Rechte vorbehalten
© der Fotografien: Jochen Reiss
© Covermotiv: privat
Layout: Eva Kraskes, nach einem Konzept
von Lübbeke | Naumann | Thoben
Kartografie: altancicek.design, www.altancicek.de
Kartenbasisinformationen aus Openstreetmap,
© OpenStreetMap-Mitwirkende, ODbL
Druck und Bindung: CPI – Clausen & Bosse, Leck
Printed in Germany 2022
Erstausgabe 2019
ISBN 978-3-7408-1550-9
Aktualisierte Neuauflage Februar 2022

Unser Newsletter informiert Sie
regelmäßig über Neues von emons:
Kostenlos bestellen unter
www.emons-verlag.de

Vorwort

Von Kapitänen, die Hamburg zum ersten Mal anlaufen, werden Elblotsen oft gefragt, ob das eine Kirche sei da vorne links. Direkt am Ufer. Tatsächlich kann man den weißen Turm mit angrenzendem Wohnhaus aus der Ferne durchaus für eine Kapelle halten. Es ist der alte Leuchtturm Juelssand. Oma Eilers hat als letzte Leuchtturmwärterin das Licht ausgemacht.

Auf der anderen Flussseite das Königreich. So heißt ein kleiner Flecken im Alten Land. Wer das Königreich besucht, fühlt sich wie ein Kaiser in Gottes Garten. Wenn 17 Millionen Apfel- und Kirschbäume blühen, geraten selbst coole Hanseaten ins Schwärmen über den majestätischen Rausch in Rosa und Weiß.

Aber Hamburgs Umland birgt noch ganz andere Kronjuwelen. Wer kennt schon das Haus der vor Liebe zu Goethe glühenden Gustgen, in dem sie innigste Briefe an den jungen Dichterfürsten schrieb? Was wird wohl in der Mehlsackboutique verkauft? Man muss nur ein paar Meter die Stadtgrenze überschreiten, schon atmet man am Willkomm-Höft die Sehnsuchtsluft der weiten Welt. Großsegler werden verabschiedet, Luxusliner und Container-Riesen begrüßt. Ein paar Schritte weiter – und man steht unversehens mitten im größten Binnendünengebiet Schleswig-Holsteins. Dabei hat man die quirlige Großstadt doch gerade erst hinter sich gelassen. Ums Eck brüten Reiher und Seeadler in den Marschen der Elbe, die rund um Hamburg Lebensader ist. Mit Inseln, die es zu erkunden gilt. Mit einer Rennbahn für Galopper und Traber. Hier ist der Deich der Logenplatz. Dem Schiffsverkehr schaut man am besten von einer schwankenden Imbissbude aus zu.

Hamburg Kingsize – das sind 111 spektakuläre, geheimnisvolle und vergessene Orte. Kurioses wie der »Schluss mit lustig«, eine Eulenspiegel-Persiflage. Emotionales wie der Kinderrechte-Park. Verrücktes wie der Stuhl des Henkers, den man auf Händen in die Kirche trug. Und haben Sie schon mal die Quelle der Alster gesucht? Rund um Hamburg gibt's so viel zu entdecken.

111 Orte

1 — Der Blaumann | Ahrensburg
Oder kann das weg? | 10

2 — Die Galerie der Hände | Ahrensburg
Mosaik-Kunst im Fußgängertunnel | 12

3 — Die Gottesbuden | Ahrensburg
Notunterkünfte an der Friedhofsmauer | 14

4 — Das Schimmelmann-Grab | Ahrensburg
Kein Platz für die verstoßene Gräfin | 16

5 — Das Schloss des Sklavenhändlers | Ahrensburg
Schießpulver im Tausch gegen Menschen | 18

6 — Der Almthof | Appen
Zu Hause beim Bauern | 20

7 — Das Klassenzimmer | Appen
Natur spüren und sich erden | 22

8 — Der Cannabis-Tresor | Bad Bramstedt
Seismische Sensoren, und die Polizei ist ums Eck | 24

9 — Karl Lagerfelds Schule | Bad Bramstedt
Schon früh fiel er dem Kunstlehrer auf | 26

10 — Der Kinderrechte-Park | Bad Oldesloe
Kunterbunte Interpretationen | 28

11 — Die Mennokate | Bad Oldesloe
Gedenkort für den Namensgeber der Mennoniten | 30

12 — Die Menschen einer Stadt | Bad Oldesloe
So fängt das Leben an | 32

13 — Der Baljer Leuchtturm | Balje
Wie sein Wärter die Sturmflut überlebte | 34

14 — Das Gut Hörne | Balje
Englishman und Biobauer hinterm Deich | 36

15 — Die Sprachdusche | Bargteheide
Auf Knopfdruck rieseln Texte | 38

16 — Das Salongrab | Bendestorf
Schlafplatz für Riesen? | 40

17 — Die Burg Vossloch | Bokholt-Hanredder
Wundersames Reich eines Galeristen | 42

18 — Der Kinderkönig | Buchholz
Keck will er die Welt entdecken | 44

19 — Das Abthaus | Buxtehude
Stadtsitz der Benediktiner | 46

20 — Das Estefleth | Buxtehude
Charming wie in Amsterdam | 48

21 — Die Kunstinsel | Buxtehude
Jedes Jahr eine neue Installation | 50

22 — Der Blankenese-Blick | Cranz
Cinderellas Welt | 52

23 — Die Rennbahn am Deich | Drage
Mit Pferde-Sex fing alles an | 54

24 — Das blaue Haus | Ehestorf
Auf jeden Fall ein Hingucker | 56

25 — Das Ansverus-Kreuz | Einhaus
Wo der Mönch gesteinigt wurde | 58

26 — Der Wasserwald | Ellerhoop
Hier wachsen die Bäume der Zukunft | 60

27 — Die Kölln-Werke | Elmshorn
Frühstück ist fertig! | 62

28 — Der Lawn-Tennis-Club | Elmshorn
Spielplatz der Weltmeister – was ist mit Olga? | 64

29 — Die Markthalle | Elmshorn
Ranunkeln und Reißverschlüsse | 66

30 — Bismarcks Sofa | Friedrichsruh
Im Arbeitszimmer des Eisernen Kanzlers | 68

31 — Max Schmelings Boxring | Friedrichsruh
Hier trainierte er vor seinem größten Kampf | 70

32 — Das Brückenhaus | Glückstadt
Es kuschelt mit einem uralten Baum | 72

33 — Die Docke | Glückstadt
Gute Aussicht, schlechte Perspektive | 74

34 — Die Flutmauer | Glückstadt
Maritime Malerei und Graffiti | 76

35 — Der Lühesand | Grünendeich
Große Freiheit | 78

36 — Die Puurte | Guderhandviertel
Prunkpforte des reichen Apfelbauern | 80

37 — Die Hengststation | Haselau
Große Erfolge mit dem weißen Saft | 82

38 — Die Bandreißerkate | Haseldorf
Altes Handwerk soll nicht sterben | 84

39 — Die Binnenelbe | Haseldorf
Nistplatz des deutschen Wappentiers | 86

40 — Die Reiher-Kolonie | Haseldorf
200 Vögel brüten in der Eichenallee | 88

41 — Die Werner-Rennstrecke | Hasenmoor
Duell im Moin-Land: Brösel ledert Holgi ab | 90

42 — Kilometer 138,3 | Hasloh
Notlandung auf der Autobahn: 99 überlebten | 92

43 — Die Störche-WG | Heidmühlen
Nachwuchspflege und Krankenstation | 94

44 — Die Alsterquelle | Henstedt-Ulzburg
Am Anfang eine schmutzige Pfütze | 96

45 — Die Hetlinger Schanze | Hetlingen
Sandstrand und die höchsten Strommasten Europas | 98

46 — Der Juelssand | Hetlingen
Oma Eilers war die letzte Leuchtturmwärterin | 100

47 — Der bunte Bahnhof | Hittfeld
Farbenfrohe Galerie ersetzt gefliese Tristesse | 102

48 — Die Kaffeeklappe | Hollern-Twielenfleth
Durchatmen an der schwankenden Imbissbude | 104

49 — Die Sandberge | Holm
Dünenlandschaft im Urstromtal der Elbe | 106

50 — Die Skuld | Horneburg
Starke Frauen hat das Land | 108

51 — Der Kunsttempel | Jesteburg
Im Refugium des Johann Michael Bossard | 110

52 — Die Apfelkiste | Jork
Geschichte(n) genießen | 112

53 — Der Gräfenhof | Jork
Neues ergänzen, Altes bewahren | 114

54 — Der Herzapfelhof | Jork
Meisterhaftes Marketing | 116

55 — Das Königreich | Jork
Blütentraum in Weiß und Rosa | 118

56 — Der Tetraeder | Langenrehm
Pyramiden-Protest gegen die Preußen | 120

57 — Das Bratenviertel | Lauenburg
Wo die Häuser Stadtgeschichte erzählen | 122

58 — Das Gasthaus Zum Anker | Lauenburg
Drehort für den TV-Zweiteiler »Die Sturmflut« | 124

59 — Die Zündholzfabrik | Lauenburg
Jugendherberge auch für Ältere | 126

60 — Der Rangierbahnhof | Maschen
Er ist der zweitgrößte der Welt | 128

61 — Das Bahide-Arslan-Haus | Mölln
Wo Neonazis drei Menschen ermordeten | 130

62 — Der Ehreneulenspiegel | Mölln
Noch mehr Ruhm für George Bernard Shaw | 132

63 — Der Schluss mit lustig | Mölln
Burn-out beim Schalk? Kann's gar nicht geben | 134

64 — Der Stuhl des Henkers | Mölln
Auf Händen haben sie ihn in die Kirche getragen | 136

65 — Die Fähre Kronsnest | Neuendorf/Seester
Staken, wriggen, gieren | 138

66 — Die tesa-Zentrale | Norderstedt
Wie mit Elsa Tesmer alles begann | 140

67 — Die Schwebefähre | Osten
Fährmann, hol über! | 142

68 — Das Baumschulmuseum | Pinneberg
Im größten Anbaugebiet Europas | 144

69 — Die Wupperman-Siedlung | Pinneberg
Günstig wohnen beim Patriarchen | 146

70 — Das Degenhardt-Grab | Quickborn
»Den Mantel der Verlogenheit zerreißen« | 148

71 — Das Himmelmoor | Quickborn
Für Zwangsarbeiter war es die Hölle | 150

72 — Die Munitionsfabrik | Quickborn
Noch eine Woche nach der Explosion fand man Tote | 152

73 — Das Alte Vaterhaus | Ratzeburg
Gute und bittere Zeiten für Ernst Barlach | 154

74 — Der Küchensee | Ratzeburg
Karl Adam trainierte den Deutschland-Achter | 156

75 — Das Schloss Reinbek | Reinbek
Shakespeare konnt's nicht besser | 158

76 — Die Achteck-Kirche | Rellingen
Obendrauf sitzt eine Laterne | 160

77 — Der Schiffe-Fahrstuhl | Scharnebeck
38 Meter geht's hinauf oder hinab | 162

78 — Der European XFEL | Schenefeld
Röntgenblitze für die Nobelpreise von morgen | 164

79 — Die Eschschallen | Seestermühe
Wo Tüpfelsumpfhühner brüten | 166

80 — Der Pagensand | Seestermühe
Zeckenzange nicht vergessen! | 168

81 — Die Latrinenbaracke | Springhirsch
Neben ihr wurden die Toten gestapelt | 170

82 — Die Hafencity | Stade
Gibt's nicht nur in Hamburg | 172

83 — Das Heino-Hintze-Haus | Stade
Nur ein Reeder konnte sich das leisten | 174

84 — Das Knechthausen | Stade
Mit Eierbier immun gegen Lepra und Pest | 176

85 — Das Milliardengrab | Stade
Der Rückbau des Atommeilers dauert immer länger | 178

86 — Der Tidenkieker | Stade
Mit dem Safari-Schiff in verwunschene Winkel | 180

87 — Die Brauttür | Steinkirchen
Nur zur Hochzeit und im Todesfall geöffnet | 182

88 — Die Häuslerkate | Steinkirchen
Landarbeiter wohnten auf dem Deich | 184

89 — Die Heinrich-Statue | Steinkirchen
Ohne ihn wäre das Alte Land noch Sumpf | 186

90 — Die Hogendiekbrücke | Steinkirchen
Holland-Nostalgie über der Lühe | 188

91 — Der Möllnhof | Tornesch-Esingen
Wenn ein Dorf zusammenhält | 190

92 — Die Dieter-Bohlen-Idylle | Tötensen
»Mega-hammer-oberspießig«, würde er sagen | 192

93 — Das Kloster Nütschau | Travenbrück
Erleuchtung erleben! | 194

94 — Das Haus von Gustgen | Uetersen
Goethe schrieb ihr innigste Briefe | 196

95 — Der Jungfernfriedhof | Uetersen
Letzte Ruhe für adelige Damen | 198

96 — Die Mehlsackboutique | Uetersen
Eine Klostermühle ist jetzt Kunstwerk | 200

97 — Das Teehaus der Priörin | Uetersen
Konversation in ehrenwerter Gesellschaft | 202

98 — Der Windhosenstein | Uetersen
»Als wäre die Hölle losgelassen« | 204

99 — Der Hungerpohl | Undeloh
Lief er über, gab's kein Brot | 206

100 — Fiete Arps Rasen | Wahlstedt
Hier hat er in der Knirps-Liga gekickt | 208

101 — Das 28 Grad | Wedel
Südseeträume am Elbestrand | 210

102 — Die Batavia | Wedel
Großes Vergnügen im kleinen Theater | 212

103 — Das Johann-Rist-Denkmal | Wedel
Dichter, Dramatiker, Prediger | 214

104 — Das Reepi | Wedel
Früher Seilerei, heute Teestube und Galerie | 216

105 — Der Roland | Wedel
Hexentanz um Mitternacht | 218

106 — Das Willkomm-Höft | Wedel
Zeremonie am Schulauer Fährhaus | 220

107 — Die Villa Willemsen | Wentorf
Sein Zuhause ist jetzt Künstlerhaus | 222

108 — Die Deichreihe | Wewelsfleth
Türen verrammeln! Das Wasser kommt! | 224

109 — Das Eckermann-Denkmal | Winsen (Luhe)
Ehre für Goethes guten Freund | 226

110 — Der Tonteich | Wohltorf
Gesünder baden! | 228

111 — Das Büsenbachtal | Wörme
Wie vom Filmdesigner arrangiert | 230

1 Der Blaumann
Oder kann das weg?

Eigentlich ist er kein schlechter Typ. Mitte 20, feine Gesichtszüge. Das gelbe Haar streng nach hinten gekämmt und buschige Brauen. Er trägt einen blauen Anzug zu blauem Hemd und blauer Krawatte. Die linke Hand steckt lässig in der Hosentasche, anstatt der rechten wächst aus dem Arm eine Muschel. Man soll in sie hineinsprechen. »Muschelläufer« hat der Kieler Martin Wolke seine Vier-Meter-Fiberglasfigur genannt. Aber eigentlich läuft der Mann ein überdimensioniertes Gehäuse einer Meeresschnecke hinunter. Und warum ist der Plastik-Blondschopf barfuß, wenn er doch sonst auf Schlips und Kragen steht?

Der Mitbewohner der Ahrensburger ist ein Geschenk des Rotary-Clubs, 25.000 Euro hat er dafür springen lassen. Der Blaumann, wie ihn die Menschen nennen, wurde 2005 auf dem Rondeel aufgestellt, gefühltes Zentrum der Stadt in der Fußgängerzone. Seither polarisiert das Kunstwerk. »Eine Zierde für die Stadt oder ein neuer Schandfleck?«, fragte das Hamburger Abendblatt. »Ein künstlerischer Geniestreich oder Schwachsinn?« Eine Flut von Leserbriefen erreichte die Redaktion: »Geschmacklos und hässlich«, »Was hat Ahrensburg dem Rotary-Club getan, dass er sich auf so grausame Art rächen muss?« Das waren die freundlichen Zuschriften.

Bürgerbegehren, die Figur zu versetzen, scheiterten am Vetorecht des Künstlers. Attentate wurden auf den Blaumann verübt. Erst hat man ihn für viel Geld repariert, dann nur noch mit Panzertape geflickt. Zuletzt zeigte der Blaumann Risse in seiner Außenhaut, der Bürgermeister fürchtete um die Standfestigkeit und ließ die Figur demontieren. Der Künstler verlangt die Instandsetzung, er hat das Urheberrecht. Der Stadt ist das zu teuer. Kommt der Blaumann jetzt vor Gericht? Das Stadtmagazin Szene Ahrensburg schlägt vor, die »Geisterbahnfigur« am alten Standort zu versenken, das Grab mit einem gläsernen Deckel für die Ewigkeit zu schließen. Die Posse geht weiter.

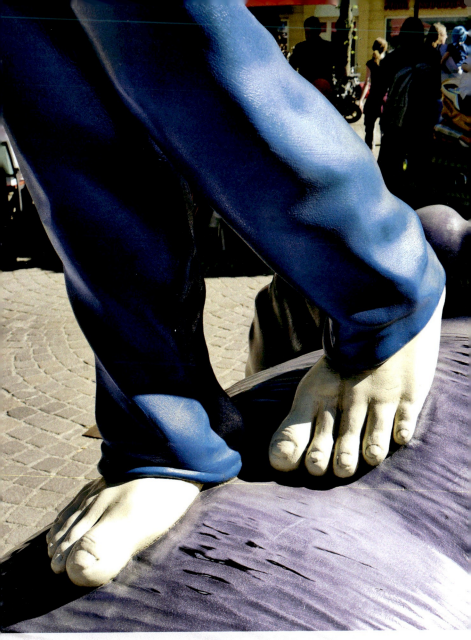

Adresse Rondeel, 22926 Ahrensburg | **Anfahrt** von der A1 (Ausfahrt Ahrensburg) in die Straße Verlängerter Ostring, nach der Brücke rechts in die Manhagener Allee, rechts Richtung Erika-Keck-Straße (ausgeschildert) zum Parkplatz, durch die Unterführung in die Fußgängerzone | **Tipp** Entspannen und nachdenken über anspruchsvolle Kunst: Vom Rondeel die Große Straße entlang nach Norden warten links und rechts Boulebahnen und Ruhebänke hinter Hecken.

AHRENSBURG

2   Die Galerie der Hände
Mosaik-Kunst im Fußgängertunnel

Fußgängertunnel müssen keine dunklen, unangenehmen Orte sein. Kein Angstraum. Die Unterführung der Bahngleise in der Manhagener Allee ist hell gefliest und gut beleuchtet. Wer sie durchläuft, kann sich fühlen wie im Louvre, in den Uffizien oder im Pariser Musée National d'Art Moderne. 22 Keramikmosaike, große und kleine, zeigen Details aus Klassikern der Kunstgeschichte. Der Hamburger Künstler Rolf Laute hat sich bei seiner Auswahl auf die Hände von Frauenporträts konzentriert.

Der Tunnel ist den Frauen gewidmet. Ein Mosaikband in Fußhöhe gibt Kunde: »Zugeneigt allen Ahrensburger Arbeiterinnen, Beamtinnen, Chefinnen, Ehefrauen, Friseusen, Jägerinnen, Omas, Polizistinnen.« Und vielen mehr. Augenzwinkernd hat man auch »Lolitas, Querulantinnen, Vamps und Xanthippen« erwähnt. In den Zugangsbereichen sind 37 Frauen genannt, die auf vielleicht eher unscheinbare Art Ahrensburger Geschichte geschrieben haben: Martha Mortz war Totenfrau. Maja Nonne Mitbegründerin der Mütterberatung. Und Erika Keck (1900–1990) Ahrensburgs und Deutschlands erste Bürgermeisterin. Die Mosaiken, die Rolf Laute in die weißen Kachelwände eingelassen hat, haben einen schwarzen Relief-Rahmen. Die Bildausschnitte zeigen die Hände der »Liegenden Badenden« von Pablo Picasso, der »Journalistin Sylvia von Harden« von Otto Dix oder der »Quappi« mit Blume von Max Beckmann. Eines der größten Bilder ist ein Detail aus »Drei Hofdamen« von Lucas Cranach dem Älteren, zwei gefaltete Hände mit sechs Ringen. Das Original in Öl, 1535 entstanden, hängt im Kunsthistorischen Museum in Wien.

Rolf Laute, der sein Werk 1990 begonnen hatte, hat es nicht mehr zu Ende bringen können. Seine einstige Ehefrau Heidi Laute-Sies hat die fehlenden Mosaiken in den vergangenen Jahren ergänzt. In Hamburg hat Rolf Laute die Werkstätten »Schlumper« gegründet, eine Ateliergemeinschaft für behinderte und nicht behinderte Künstler.

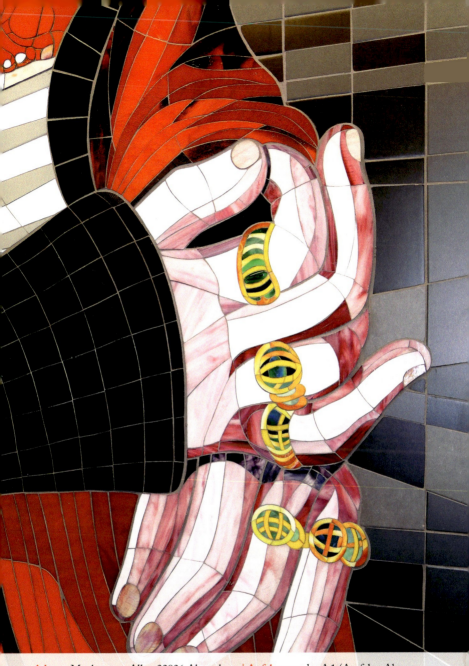

Adresse Manhagener Allee, 22926 Ahrensburg | **Anfahrt** von der A1 (Ausfahrt Ahrensburg) in die Straße Verlängerter Ostring, nach der Brücke rechts in die Manhagener Allee, rechts Richtung Erika-Keck-Straße (ausgeschildert), Parkplatz am Tunneleingang | **Tipp** Hier sind die Bowls und die Stullen Kunst: im Bistro Bauchgefühl der Vinothek Ahrens (Manhagener Allee 8, geöffnet Mo–Sa ab 10.30 Uhr).

AHRENSBURG

3 Die Gottesbuden
Notunterkünfte an der Friedhofsmauer

Die Firmenlenker der 40 im deutschen Aktienindex Dax geführten Unternehmen verdienen im Schnitt 52-mal so viel wie ihre Mitarbeiter. Das haben die Schutzvereinigung für Wertpapierbesitz und die Universität München ausgerechnet. Die Schere zwischen Bestverdienern, Normalverdienern und Armen klafft immer weiter auseinander. Auch Peter Rantzau (1535–1602), Ratgeber des dänischen Königs, war seinerzeit einer der reichsten Männer im Land. Die Bauern auf seinen Gütern arbeiteten als Leibeigene für ihn. Ihr Chef hatte vier Dörfer und die Ländereien von seinem Bruder Daniel geerbt. Das Ahrensburger Renaissanceschloss (siehe Ort 5) ließ er als Herrensitz für sich bauen. Ebenso die Schlosskirche gegenüber, in der er später zu Grabe gelegt werden wollte. Doch Peter Rantzau stellte sich auch der sozialen Verantwortung. Nördlich und südlich der Kirche ließ er in der Verlängerung der Friedhofsmauern zwei Häuserreihen mit je zwölf Wohnungen errichten. Die Alten und Invaliden von seinen Gütern sollten hier teils kostenfrei wohnen. Ein paar der Unterkünfte wurden für einen halben Taler vermietet, die Einkünfte dienten der Unterhaltung der Kirche. Durch eine großzügige Stiftung Peter Rantzaus erhielten Bedürftige zudem etwas Geld. »Gottesbuden« wurden die Reihenhäuschen bald genannt.

Wie damals sind sie noch heute Unterkünfte für Menschen in Not. Als man die Straße verbreiterte, mussten die zwei westlichsten Buden der weiß getünchten Häuserreihen abgerissen werden. Die Kirche hat die Wohnungen modernisiert. Die Zimmer hinter den grünen Holztüren sind 16 Quadratmeter groß, haben eine Küchenzeile und sanitäre Anlagen. Hinter keinem der Fenster sieht es ungepflegt aus. Nur selten steht eine der Buden leer. Die meisten Bewohner sind Männer, 40 bis 60 Jahre alt.

Eine der Buden ist die Mittagsbude: Fünf Mal in der Woche geben Ehrenamtliche für einen Euro eine warme Mahlzeit aus. Mit Nachtisch.

Adresse Am Alten Markt 1 und 5, 22926 Ahrensburg | **Anfahrt** von der A1 (Ausfahrt Ahrensburg) den Straßen Verlängerter Ostring und Ostring folgen, links in die Lübecker Straße bis zum Alten Markt | **Tipp** In einer Inschrift über dem Kirchenportal erinnert Peter Rantzau daran, seine Stiftung fortzuführen: Er »thut alle seine Nachkommen vermahnen und fleissig bitten, über solcher Fundation und Verordnung fest und ewig zu halten«.

4 Das Schimmelmann-Grab
Kein Platz für die verstoßene Gräfin

Christian Graf von Schimmelmann. Fanny Adelaide Erica Sophie von Schimmelmann. Carl Christian Gustav Graf von Schimmelmann. Ein Dutzend Schimmelmänner sind hinter der Schlosskirche begraben. Adeline Caroline Luise Gräfin von Schimmelmann (1854–1913) nicht. Die Adelige, wie ihre Verwandten im Schloss Ahrensburg aufgewachsen, galt als exzentrisch. Hat verarmten Fischern Kaffee statt Schnaps ausgeschenkt. Vor Indianern in den USA trat sie als Predigerin auf, diese nannten sie »gute Mutter Europas«. Sie kämpfte für das Frauenwahlrecht, was nicht schicklich war. Hauptperson eines Psychiatrie-Skandals war sie auch, international berichteten die Zeitungen. Sie war die verstoßene Gräfin.

Zunächst lief alles standesgemäß. 18 Jahre lang war Adeline Hofdame der Kaiserin Augusta in Berlin. Christlich-sozialer Verantwortung aufgeschlossen. Im Lukas-Evangelium las sie: »Wenn du ein Mittag- oder Abendmahl machst, so lade nicht deine Freunde, noch deine Brüder, die da reich sind, lade die Armen, die Krüppel, die Blinden, so bist du selig.« In den Ferien auf Rügen sah sie hungernde Heringsfischer, Saisonarbeiter. Die Gräfin baute ein Haus, eine Seemannsmission, teilte Fleisch und Suppe aus. Nach dem Tod der Kaiserin widmete sie sich ganz ihrer karitativen Berufung. Jetzt auch als Evangelistin. Sie gründete weitere Seemannsmissionen. Mit ihrer Yacht reiste sie nach Nordamerika. Auch dort las sie Seeleuten aus der Bibel vor.

Das alles war teuer, die Gräfin selbst wollte auf Luxus nicht verzichten. Sie gab viel Geld für Kleider aus, wohnte in den schicksten Hotels. Als die Geschwister sich ums Familienerbe sorgten, ließen sie Adeline wegen »wahnhaften religiösen Ideen« in die Irrenanstalt einweisen, wie es damals hieß. Freunde sorgten dafür, dass sie nach sechs Wochen freikam. Die Gräfin starb verarmt in Hamburg. Auf dem Wulfsdorfer Friedhof in Ahrensburg ist sie beigesetzt, das Grab ist nicht mehr zu finden. Niemand hat sich gekümmert.

Adresse Am Alten Markt, hinter der Kirche, 22926 Ahrensburg | **Anfahrt** von der A 1 (Ausfahrt Ahrensburg) den Straßen Verlängerter Ostring und Ostring folgen, links in die Lübecker Straße bis zum Alten Markt | **Tipp** Auf der anderen Seite der Lübecker Straße links halten: Hier liegt der Schlossgarten (geöffnet März–Okt. Di–Do und Sa, So 11–17 Uhr, Nov.–Feb. Mi, Sa, So 11–17 Uhr).

5 Das Schloss des Sklavenhändlers

Schießpulver im Tausch gegen Menschen

Als die Fregatte Fredensborg 1767 vor Christiansborg ankert, heute Ghanas Hauptstadt Accra, hat sie 250 Gewehre, Handfeuerwaffen, 1.500 Pfund Schießpulver und etliche Fässer Branntwein dabei. Stammesfürsten übernehmen die Fracht. Sie bezahlen mit 42 Elefantenstoßzähnen, Gold und 260 Sklaven. Männer. Frauen. Kinder. Der Afrikaner Olaudah Equiano hat später erzählt: »Als ich mit meiner Schwester zurückgeblieben war, um auf das Haus achtzugeben, kamen sie. Stopften uns den Mund zu und liefen mit uns in den Wald.« An der Küste sah er zum ersten Mal Weiße. »Ich war in eine Welt der bösen Geister gekommen.« Die Fredensborg brachte Olaudah Equiano zur Karibikinsel St. Croix, damals Dänisch-Westindien. Mit Palmöl eingerieben, damit die Muskeln besser zur Geltung kamen, hat man die Sklaven versteigert. Beladen mit Zucker, Baumwolle, dem Elfenbein und dem Gold segelte das Schiff nach Kopenhagen zurück.

Am Sklavenhandel verdienten viele im 18. Jahrhundert. Man kaufte Anteile an sogenannten Kompanien, Sklavenhandelsgesellschaften. Heinrich Carl Graf von Schimmelmann, Schatzmeister des dänischen Königs, war besonders dick im Geschäft. Er besaß selbst vier Zuckerrohr- und Baumwollplantagen in Westindien. 14 Schiffe waren für ihn unterwegs. In Westindien ist Schimmelmann nie gewesen, war aber Herr über 1.000 Sklaven. Wie Vieh wurden sie in Inventarlisten geführt. Auf die Brust hatte man ihnen das Brandzeichen »S« gedrückt.

Schimmelmann galt als reichster Mann Europas. Er kaufte der Grafenfamilie Rantzau Schloss Ahrensburg ab und ließ es umbauen. Eine Rokokotreppe führt in die erste Etage. Im Pellicia-Kabinett schmücken phantasievoll bemalte Tapeten die Wände. Adelige Damen hatten ihren feudalen Spaß daran, sich von »Kammermohren« den Kakao servieren zu lassen.

Adresse Lübecker Straße, 22926 Ahrensburg | **Anfahrt** von der A 1 (Ausfahrt Ahrensburg) den Straßen Verlängerter Ostring und Ostring folgen, in die Lübecker Straße, links großer Parkplatz | **Öffnungszeiten** März–Okt. Di–Do und Sa, So 11–17 Uhr, Nov.–Feb. Mi und Sa, So 11–17 Uhr | **Tipp** Der alte Marstall gegenüber dem Schloss mit Reit- und Kutschenhalle ist jetzt ein Kulturzentrum (Programm unter www.marstall-ahrensburg.de).

6 Der Almthof
Zu Hause beim Bauern

Manches Rindviech hat es besser als der Mensch. Wer kann schon rund um die Uhr zur Massage, wenn es ihn danach gelüstet? Wem wird jederzeit der Rücken gekrault, wenn es ihn kratzt? Die Kühe von Hauke Pein genießen diesen Luxus. Wann immer ihnen danach ist, marschieren sie zu den rotierenden Bürsten. Die funktionieren in etwa so wie eine Autowaschanlage ohne Wasser. Wer die Tiere beobachtet, sieht, dass ihnen das gefällt. Sie strecken den Kopf nach vorne, schmiegen sich an, lassen es sich wohl sein. Gleichzeitig wird das Fell gepflegt. Das eine oder andere Rind kann gar nicht genug bekommen. Kühe lieben Wellness.

230 Schwarzbunte stehen in den Offenfrontställen von Hauke Pein. Das Klima dort entspricht der Witterung draußen. Kühe bevorzugen Temperaturen um 15 Grad und niedriger. Auf dem Almthof hat jede Kuh ihre eigene Liegebox. Ist es ihr dort zu langweilig, kann sie sich frei im Stall bewegen oder im Sommer wie im Winter im Freien rumlaufen. Wenn sie nicht gerade säuft oder frisst. 100 Liter Wasser trinkt eine Kuh am Tag. 45 Kilo futtert sie. Mais- und Grassilage, Rapsschrot und Getreide. Gentechnikfrei auf den eigenen Äckern des Almthofes angebaut. Von Mai bis Oktober geht's ohnehin auf die Weide.

Hauke Pein hat Landwirtschaft studiert und zusätzliche Erfahrungen auf einer Farm im US-Staat Minnesota gesammelt. Er betreibt den Almthof in der 14. Generation! Die ganze Familie hilft mit. Hauke Pein weiß, dass manches Hamburger Kind noch nie ein Kalb, ein Schaf, ein Huhn gesehen hat. Auch das ist ihm Anlass, seinen Hof als »Erlebnisbauernhof« zu öffnen. Gleichzeitig ist es eine Geschäftsidee. Man kann dem Bauern und seinen Mitarbeitern bei der Arbeit zusehen. Hauke Pein ist als Landwirt des Jahres ausgezeichnet. Die Jury lobte, dass er »neben der Milcherzeugung auf höchstem Niveau die Bevölkerung mitnimmt«. Wer Glück hat, erlebt die Geburt eines Kalbes.

Adresse Almtweg 37, 25482 Appen, Tel. 0176/23433546 | **Anfahrt** von der A 23 (Ausfahrt Pinneberg-Mitte) über die Friedrich-Ebert-Straße und die Hans-Hermann-Kath-Brücke um Pinneberg-Zentrum herum, rechts in die Mühlenstraße Richtung Appen, von der Hauptstraße rechts in die Schulstraße bis zum Almtweg | **Öffnungszeiten** Frühjahr–Herbst Do, Fr 14–18 Uhr, Sa, So 10–18 Uhr | **Tipp** Frischmilch selbst gezapft, Bockshornkleekäse? Gibt's 24/7 an der Milchtankstelle vor dem Hof.

7 — Das Klassenzimmer
Natur spüren und sich erden

Das Gut Schäferhof ist das größte Projekt der Hamburger Arbeiter-Kolonie. Die Stiftung hat den Hof vor über 120 Jahren gekauft. Menschen, die aus dem Leben gefallen sind, Wohnungslosen, Arbeitslosen werden neue Perspektiven geboten. Wieder ein Dach über dem Kopf und zu tun haben in den Werkstätten – das baut auf. In Kooperation mit dem Lebenshilfewerk Pinneberg hat die Stiftung unter dem Dach der Diakonie zusätzlich einen integrativen Reiterhof aufgebaut. Menschen mit Behinderung sind in den Ställen und in der Weidewirtschaft beschäftigt, 100 Pensionspferde zu Gast. In dem Backsteingebäude vor dem Reitplatz ist ein Sommercafé eingerichtet. Hier wird Inklusion gelebt. Auch den Naturerlebnisraum wenige Meter weiter haben die Mitarbeiter der Arbeiter-Kolonie angelegt.

Woher kommen die Steine? Wo wächst Wermut? Viel Wissenswertes wird mit Exponaten und Schautafeln erklärt. Mittelpunkt ist das offene Klassenzimmer. Ein vieleckiger Ständerbau aus rohen Hölzern. Mit Frischluftgarantie, freiem Blick ins Grüne und Feuerstelle nebenan. Ein idealer Ort für den Wandertag der Schule.

Und ein willkommener Schattenplatz für diejenigen, die in den Gärten dahinter Radieschen und Fenchel hegen und pflegen. Die Aktion Erntezeit verpachtet für eine Jahresgebühr Gemüsebeete, zwei mal 25 Meter groß. Profis säen und pflanzen im Frühjahr etwa 25 verschiedene Kräuter und Gemüsesorten. »Natürlich ökologisch«, sagen die Initiatoren Jule und Henry Vickery. Die Arbeit der Pächter: Unkraut jäten, gießen, ernten. Gerätschaften werden gestellt. Eine Aufgabe und ein Vergnügen vor allem für junge Familien. Auch Fernsehkoch Tim Mälzer hat hier angebaut, seine Beete waren aber immer ein bisschen verwildert. Die Hektik der Stadt ist weit entfernt, Kinder erfahren Natur, und bei den Erwachsenen werden Kindheitserinnerungen wach. Das Wunder vom Saatkorn bis zur Ernte erleben, sich erden. Das ist die Idee.

Adresse Schäferhofweg 34, 25482 Appen | **Anfahrt** von der A 23 (Ausfahrt Pinneberg-Mitte) über die Friedrich-Ebert-Straße und die Hans-Hermann-Kath-Brücke um Pinneberg-Zentrum herum, rechts in die Mühlenstraße Richtung Appen, von der Hauptstraße links in den Schäferhofweg, 2. Möglichkeit rechts, am Hofcafé links | **Tipp** Kanadagänse, Graureiher – der Beobachtungshügel am Appener See ist ein weiteres Projekt der Arbeiter-Kolonie. Der See war zuvor eine Kiesgrube (den Schäferhofweg weiter, links in den Siedlungsweg, nach 1,3 Kilometern).

BAD BRAMSTEDT

8 Der Cannabis-Tresor
Seismische Sensoren, und die Polizei ist ums Eck

Chronische Schmerzen. Spastische Schmerzen bei Multipler Sklerose oder Epilepsie. Übelkeit bei einer Chemotherapie. Wenn nichts anderes mehr Linderung bringt, kann Cannabis helfen. Medizinalcannabis. Kontrolliert hergestellt unter immer denselben Bedingungen. Gewonnen aus Setzlingen von immer derselben Marihuana-Pflanze. Nur so ist die Qualität der Wirkstoffe sichergestellt. Seit einigen Jahren dürfen deutsche Ärzte Schwerstkranken Cannabis-Blüten sowie deren Extrakte oder Öle verschreiben. Die Krankenkassen zahlen – auf Antrag. Innerhalb eines Jahres war die Zahl der Cannabis-Patienten fünfstellig. Es wird erwartet, dass sie auf 800.000 steigt. Das entspricht den Erfahrungen anderer Länder. Medizinalcannabis ist das neue Gold.

»Wir sind keine Dealer, wir sind die Healer«, zitiert das Hamburger Abendblatt Hendrik Knopp, den Deutschland-Geschäftsführer des kanadischen Cannabis-Händlers Aphria. Der beliefert von Bad Bramstedt aus bundesweit Apotheken und Kliniken. Im Industriegebiet Nord hat die Firma den idealen Standort für ihr Labor und ihr Lager gefunden: Klinkerfassade, vorne ein paar Büros, hinten eine Lagerhalle. Der verlassene aber vor allem unauffällige Zweckbau eines früheren Betriebs für Klima- und Kältetechnik, jetzt ist er Hochsicherheitszone mit Überwachungskameras, seismischen Sensoren und Wachpersonal rund um die Uhr. Die Kasernen der Bundespolizei sind nur 900 Meter entfernt. Nähe zur Polizei, das war eine der Auflagen. In die Halle hat man einen fünf Meter hohen Tresor gebaut, der Cannabis im Wert eines mehrstelligen Millionenbetrages fasst.

Erst hat man mit Import-Cannabis gehandelt. Im neuen Hightech-Bunker-Treibhaus im nahen Neumünster baut Aphira seit 2021 das heilende Kraut selbst an. Auch die Plantage schützen schusssicheres Glas, Nato-Stacheldraht und Wärmebild-Detektoren. Unter künstlichem Licht kann viermal im Jahr geerntet werden.

Adresse Tegelbarg 31a, 24576 Bad Bramstedt | **Anfahrt** von der A 7 (Ausfahrt Bad Bramstedt) rechts auf die B 206, um Bad Bramstedt herum, vor der Brücke rechts, im Kreisel 2. Ausfahrt in die Kieler Straße, links in die Straße Tegelbarg, rechts, dann links | **Tipp** Auch gesichert wie Fort Knox: der Landeplatz der Bundespolizei mit ihren blauen Helikoptern (auf der Kieler Straße 2 Kilometer nach Norden, rechts in die Straße Bocksberg, ausgeschildert).

9 Karl Lagerfelds Schule
Schon früh fiel er dem Kunstlehrer auf

Ein Foto zeigt den jungen Karl im Kreis seiner Mitschüler. Alle anderen haben kurze Hosen an, sportliche Jacken, ihre Frisur ist vom Wind zerzaust. Karl Lagerfelds schwarze Haare liegen wie frisch toupiert, er trägt Sakko, hochgeschlossenes Hemd und Krawatte. Selbst wenn er sich doch mal vor dem Kleiderschrank für kurze Hosen entschied – auf Jackett und Schlips habe der Karl bestanden, so berichten Schulkameraden. »Muhle« war sein Spitzname. Die Haare ließ er sich nicht gerne schneiden, zum Friseur habe man ihn zerren müssen. Liegt hier der Ursprung für das spätere Markenzeichen des Modeschöpfers, seinen weiß gepuderten Zopf?

Karls Eltern waren vermögend. Der Vater war Kondensmilch-Fabrikant (Glücksklee), außer einer Villa in Hamburg besaß die Familie das Gut Bissenmoor bei Bad Bramstedt. Dorthin zieht sie, als Hamburg 1944 ein Trümmerfeld ist. Fünf Jahre bleibt man. Karl besucht die Jürgen-Fuhlendorf-Oberschule, in deren Räumen heute die Grundschule ist. Das Gut gibt es nicht mehr.

Herausgerissen aus der gewohnten Umgebung, fremdelt der junge Karl anfangs in Bad Bramstedt. Wenn andere Jungs nach der Schule in die Bäume steigen, klettert er auf den Dachboden von Gut Bissenmoor. Er findet Stapel von Illustrierten, Kunstmagazinen, Modezeitschriften. Er malt Schwarz-Weiß-Fotos mit Buntstiften an, verändert die Frauenkleider in den Journalen. Dem Kunstlehrer Heinz-Helmut Schulz schenkt er ein Buch mit Dürer-Holzschnitten. »Das Schöne besteht in der Mannigfaltigkeit des Einfachen«, schreibt Karl auf den Buchrücken.

Der Pädagoge fördert das gestalterische Talent seines Schülers. »Er fiel mir auf, er konnte frühzeitig eigenständig künstlerisch arbeiten.« Wie dankbar Lagerfeld für das Verständnis des Schulmeisters ist, belegt eine Widmung in einem Buch mit Kreationen Lagerfelds, das er Jahrzehnte später schickt. Sie beginnt: »Lieber Freund, mein lieber ehemaliger Lehrer!«

Adresse Am Bahnhof 16, 24576 Bad Bramstedt | **Anfahrt** von der A 7 (Ausfahrt Bad Bramstedt) rechts auf die B 206, links in den Lohstücker Weg (B 4), rechts in die König-Christian-Straße, links in die Straße Schlüskamp, links in die Straße Am Bahnhof | **Tipp** Der Schlüskamp führt über die Osterauinsel zum Bleeck in der Innenstadt. Stelen vor dem Schloss dokumentieren die Stadtgeschichte.

BAD OLDESLOE

10_ Der Kinderrechte-Park
Kunterbunte Interpretationen

Als Astrid Lindgren 1978 mit dem Friedenspreis des Deutschen Buchhandels geehrt wird, hält die Pippi-Langstrumpf-Autorin eine Rede. Sie trägt eine kleine Geschichte vor, die ihr eine alte Dame erzählt hat. Darin geht es um Johan, den Sohn der Seniorin, und ein Erlebnis in dessen Jugend. Eines Tages klagt eine Nachbarin, der Fünfjährige habe in ihrem Garten Erdbeeren geklaut. Er werde als Dieb enden, wenn er nicht sofort verprügelt würde. Die Mutter schickt das Kind hinaus, sich selbst eine Rute für die Bestrafung zu suchen. Schluchzend kommt Johan zurück. »Mama«, sagt er, »ich konnte keine Rute finden, aber hier hast du einen Stein, den du auf mich werfen kannst!« Die Mutter schämt sich, sie schwört, niemals ihr Kind zu schlagen. Um sich daran täglich zu erinnern, legt sie den Stein ins Küchenregal. So weit die autobiografische Erzählung der alten Dame. Astrid Lindgren schließt ihre Rede: »Ich glaube, es wäre gut, wenn ein Stein in den Küchenregalen läge, überall auf der Welt. Als Erinnerung: Schluss mit Gewalt!«

Im Kinderrechte-Park hinter dem Haus der Jugend in Bad Oldesloe wurde die UN-Kinderrechtskonvention, die in Deutschland seit 1992 Gesetz ist, gestalterisch umgesetzt. In einem Regal aus Lärchenholz liegen auf Brettern große Steine. Ein Künstler hat kleine Handflächen hineingemeißelt, Kinder haben die Steine bemalt. Die Installation greift die Geschichte von Astrid Lindgren auf und macht Artikel 19 der Konvention deutlich: »Jedes Kind hat das Recht, ohne körperliche und seelische Gewalt aufzuwachsen.« Hunderte Holzbausteine, von Kindern mit ihrem Namen beschriftet, sind zu einem Turm aufeinandergeschichtet und dokumentieren das Recht auf einen Namen. Eine Litfaßsäule steht für das Recht auf eine eigene Meinung. Der bunte Holzlattenzaun mit Ornamenten deutet eine Grenze an. Er versinnbildlicht das Recht auf Schutz im Krieg und auf der Flucht.

Adresse Am Bürgerpark, 23843 Bad Oldesloe | **Anfahrt** von der A 21 (Ausfahrt Bad Oldesloe-Süd) auf der B 75 Richtung Zentrum, rechts in die Schützenstraße, links in die Straße Am Bürgerpark | **Tipp** Vom Bürgerpark über die Brücke und den Beer-Yaacov-Weg zum Markt: Den Gänselieselbrunnen hat Richard Kuöhl geschaffen. In Hamburg sind die Keramiken am Chilehaus und an der Davidwache von ihm.

11 Die Mennokate
Gedenkort für den Namensgeber der Mennoniten

Man sagt, dass Menno Simons (1496 – 1561) hier begraben war, bevor man ihn umbettete in seine friesisch-niederländische Heimat. Vielleicht dort, wo jetzt der Gedenkstein neben der alten Kate steht, von der aber auch nicht verbürgt ist, ob sie damals an genau diesem Ort gestanden hat. Sicher ist, dass der Namensgeber der Mennoniten im Dorf Wüstenfelde bei Bad Oldesloe gestorben ist. Und dass in einer Druckerei in einem Reetdach-Häuschen Simons Schriften vervielfältigt wurden, darunter sein »Fundamentbuch«. Auch die Linde vor dem Gebäude soll der Prediger selbst gepflanzt haben. Angesichts ihres Umfangs kann man das glauben. »Vielleicht hat Menno Simons zeitweilig in der Kate gewohnt«, schreiben die Mennoniten. Für diejenigen, die hierherpilgern, ist jedenfalls »der täuferische Geist des 16. Jahrhunderts spürbar«.

Menno Simons, kurz nach der Geburt römisch-katholisch getauft, wusste angeblich mit neun Jahren, dass er Seelenhirte werden wollte. Er studierte Philosophie und Theologie und wurde tatsächlich 1524 zum Priester geweiht. Von seinen ersten Jahren als Pfarrer berichtete er, dass Glücksspiel und Alkohol eine große Rolle spielten. Später bekam er Zweifel an der katholischen Lehre, studierte Martin Luthers Schriften, die verboten waren. Im Neuen Testament fand er keinen Beleg für die Säuglingstaufe, die er fortan für unbiblisch hielt. Simons gab sein Priesteramt auf und schloss sich der Bewegung der Täufer an. Durch seine Schriften und Predigten wurde sein Einfluss so groß, dass die Täufer sich bald Mennoniten nannten. Die Erwachsenentaufe ist bis heute eines der Prinzipien der evangelischen Freikirche. Über zwei Millionen Mennoniten gibt es weltweit, 40.000 in Deutschland.

Ein Teil der Mennokate ist bewohnt. Aufgabe der Mieter ist es, die Außenanlagen zu pflegen, Besuchern das kleine Museum zu zeigen, über die Mennoniten zu informieren. Schriften, Karten und Bilder erinnern an Menno Simons.

Adresse Altfresenburg 1, 23843 Bad Oldesloe, Tel. 04531/894656 | **Anfahrt** von der A 21 (Ausfahrt Bad Oldesloe-Süd) auf der B 75 Richtung Zentrum, links in die Segeberger Straße, 300 Meter nach Ortsende auf der rechten Seite | **Öffnungszeiten** nach Voranmeldung | **Tipp** Das Herrenhaus Altfresenburg liegt 800 Meter Richtung Nordwesten auf der linken Seite. Über den Gutshof führt ein Wanderweg ins Naturschutzgebiet Brenner Moor.

12 Die Menschen einer Stadt
So fängt das Leben an

Kinder turnen auf der Skulptur herum. Oft mit einem Eis aus der Eisdiele gegenüber in der Hand. Von hinten gibt es für kleine Menschen einen Einstieg in die Figur, und unterhalb der Bronzefrau mit dem Baby im Arm ist ein feiner Platz, um es sich in Ruhe mit der Leckerei gut gehen zu lassen. Die Menschenköpfe der großen Plastik zeigen golden glänzende Gebrauchsspuren, ein Zeichen, dass sie oft begrapscht worden sind. »Die Skulptur wird gelebt«, das freut den Bildhauer Siegfried Assmann besonders. Das Betonfundament mit der hölzernen Sitzbank darauf ist unschwer als Zahnrad zu erkennen, wie man es in Mühlen verwendet hat. Ein guter Bezug zum Standort an der Mühlenstraße in der Mühlenstadt. Über dem Sockel hat Assmann zwischen aufsteigenden Treppenstufen junge und alte Menschen inmitten von Hunden, Katzen, Ziegen, einer Kuh und einem Pferd modelliert. Spiralförmig und zusammenwirkend wächst die Gruppe empor. »Menschen einer Stadt« hat Assmann sein Kunstwerk genannt.

Ein Detail fällt aus dem Rahmen: ein liegendes nacktes Paar in inniger Umarmung. Sein rechter Oberschenkel bedeckt ihre weit geöffnete Scham. Sie küssen sich. Gewagt. Facebook würde eine Ablichtung heute wohl sperren. In anderen Städten haben solche Darstellungen Proteste ausgelöst. In Göttingen etwa hat der Pastor ein vergleichbares Bildnis von der Kanzel als »nationale Schande« verteufelt. Nicht so in Bad Oldesloe. Der Rotary Club hat die Skulptur zur Eröffnung der Fußgängerzone gespendet, und die Bürger hat's von Beginn an gefreut. »So weltoffen sind wir«, meint Agnes Heesch von der Stadtverwaltung. »So fängt das Leben in der Stadt doch an«, sagt der Künstler. »Anders geht es nicht.«

Siegfried Assmanns erster großer Erfolg waren die Bleiglasfenster der Kreuzkirche in Hamburg-Ottensen. In Hamburg-Volksdorf steht sein Blumenmädchen »Eliza« am Straßenrand, ein Dachreiter zeigt »Zwei kämpfende Hähne«.

Adresse Mühlenstraße, 23843 Bad Oldesloe | **Anfahrt** von der A 21 (Ausfahrt Bad Oldesloe-Süd) auf der B 75 Richtung Zentrum, rechts in die Straße Pferdemarkt, bis zur Lübecker Straße (großer Parkplatz), zu Fuß über die Brücke und die Heiligengeiststraße zur Mühlenstraße, links | **Tipp** Hinter dem Blauen Haus mit dem blauen Dach wurden zur Hansezeit Kähne beladen, welche die Güter über die Trave nach Lübeck brachten (die Mühlenstraße nach Süden, dann links).

13 — Der Baljer Leuchtturm
Wie sein Wärter die Sturmflut überlebte

Walter Drygala, Chef-Leuchtfeuerwärter, sieht das Unheil kommen. Genau genommen kann er nur eine Stahlwand erkennen, die Außenwand eines Schiffes, das sich mit zerstörerischer Kraft auf den Baljer Leuchtturm zubewegt. Es ist Mitternacht. Der Orkan Vincinette peitscht die Elbewellen. Der Leuchtturm steht schon im Hochwasser, Sockel und Eingang sind beschädigt, Drygala ist von der Außenwelt abgeschnitten. Es ist die Nacht zum 17. Februar 1962, in der bei der Flutkatastrophe in Hamburg und Norddeutschland 340 Menschen sterben. 20.000 werden obdachlos.

In der Elbe genau gegenüber von Balje hatte der schwedische Frachter Silona auf Reede gelegen. Im Orkan bricht zuerst die Steuerbord-Ankerkette, dann die Kette backbords. Kapitän Sven Nielsson kann auch unter Motor sein Schiff nicht halten. Manövrierunfähig treibt es quer über die Elbe direkt auf Drygalas Leuchtturm zu. Er berichtet: »Der Anprall des Schiffes gegen den Turm musste diesen umwerfen. Ich überlegte, wie ich mich retten könnte. Der einzige Ausweg war, vom Umgang des Turms, der etwa in Deckshöhe lag, kurz vor dem Aufprall zu versuchen, auf das Schiff zu springen. Wenn das nicht gelang, war ich verloren.« Drygala bleibt nur noch, sich eine Schwimmweste anzuziehen. Dann, im letzten Augenblick, wird die Silona abgetrieben, strandet 300 Meter vom Elbufer entfernt und wenige hundert Meter neben dem Leuchtturm. Ein Chronist notiert: »Das Schiff wurde auf den Wiesen so fachgerecht abgesetzt, wie es Menschenwerk nicht besser vermocht hätte.«

Walter Drygala muss noch zwei Tage ausharren. Das Trinkwasser in der Zisterne ist versalzen, zu essen hat er auch nichts mehr. Das Schiff wird später an seinem Liegeplatz abgewrackt. Im nur 20 Meter hohen Baljer Leuchtturm ist das Licht 1980 erloschen, man hat ein viel höheres Leuchtfeuer daneben gesetzt. Der kleine Turm verfiel, ein Förderverein hat ihn gerettet.

Adresse Elbdeich-West, 21730 Balje | **Anfahrt** mit der Fähre Glückstadt/Wischhafen über die Elbe Richtung Freiburg, geradeaus über Esch/Kamp/Wechtern, rechts in die Bahnhofstraße, links in die Deichstraße und Elbdeich-West, auf Höhe Haus Nummer 59 durch die Deichöffnung in den Flankendeichweg (frei für landwirtschaftlichen Verkehr), links auf den Fahrweg Sommerdeichstraße, rechts in den Gellertweg | **Öffnungszeiten** Juli und Aug. Di–Do und Sa, So 10–18 Uhr | **Tipp** Hoher Schiffsverkehr! Der Turm steht gegenüber der Schleuse zum Nord-Ostsee-Kanal.

14 Das Gut Hörne
Englishman und Biobauer hinterm Deich

Ein solches Gebäude erwartet niemand in dieser Gegend, wo sonst Fachwerk und rote Ziegel architektonische Lebensart sind. Gut Hörne ist ein neugotisches englisches Herrenhaus, sandfarben geklinkert, hinterm Deich. »Hall« oder »Manor« nennt man diesen Baustil auf der Insel. Zwei wuchtige dreigeschossige Wohntürme mit vorgesetzten Balkonen und Zeltdach, mit Schiefer gedeckt, flankieren den Mittelbau. Eine Dachgaube mit abgetrepptem Giebel und Blendnischenbögen ist dort optisches Zentrum. Die Freitreppe führt zum Park. Allenfalls das Wellblech über der Terrasse passt nicht zum Ensemble.

Viele Zimmer hat der kleine Palast – naheliegend für Maike Freifrau und Kuno Freiherr von Zedlitz, einige davon zu vermieten. Das Gutshaus ist ihr Zuhause und gleichzeitig Bed-and-Breakfast-Hotel, das Frühstückszimmer mit Paneelen verkleidet, die Seefahrer auf Segelschiffen vor langer Zeit aus brasilianischen Zuckerkisten schnitzten. Seit 500 Jahren ist das Gut, das auch einmal Rittergut war, in Familienbesitz.

In der alten Remise ist ein Café und Bistro eingerichtet. Dort wird der Kuchen aus frisch gemahlenem Biogetreide gebacken, das Kuno von Zedlitz auf seinen Feldern anbaut. Der Agraringenieur hat auf biologischen Landbau umgestellt. Er düngt nicht mit künstlichem Stickstoff, baut stattdessen in der Fruchtfolge auch Klee an, der Stickstoff aus der Luft zieht und den Boden anreichert. So gedeihen Ackerbohnen, Dinkel, Hafer und Triticale, eine Kreuzung aus Weizen und Roggen. Der Gutsherr verzichtet auf Pestizide. »Auch wenn das mehr Arbeit macht. Weil man manche Unkräuter eben mit der Hand ziehen muss.«

Das Gut ist umgeben von einem historischen Park, den Wege aus hellem Splitt durchziehen. Als Landschaftsbauer den Prachtgarten vor 150 Jahren anlegten, mussten sie zuerst den Marschenboden entwässern. Anglophile Merkmale sind auch dem Park anzusehen. Besucher sind willkommen.

Adresse Hörne-West 46, 21730 Balje, Tel. 04753/362 | **Anfahrt** mit der Fähre Glückstadt/Wischhafen über die Elbe Richtung Freiburg, geradeaus über Esch/Kamp/Wechtern, rechts in die Bahnhofstraße, links in die Deichstraße und die Straße Elbdeich-West, bis zur Straße Hörne-West | **Öffnungszeiten** Juli–Aug. Mo–So 12–18 Uhr, April–Juni und Sept.–Okt. Fr–So 12–18 Uhr (Bistro) | **Tipp** Vom Parkplatz ums Eck, nur 200 Meter: Hinter Palisaden steht ein mittelalterliches Dorf. Brautleute lieben es, und Gottesdienste werden hier gefeiert.

BARGTEHEIDE

15 Die Sprachdusche
Auf Knopfdruck rieseln Texte

In jeder Shopping-Mall werden unsere Ohren zugemüllt mit Dudelmusik. Manager erwarten, dass die Kunden sich so entspannen und dann mehr Geld ausgeben. »Die Vertreibung der Stille« hat der Autor Rüdiger Liedtke das treffend in seinem gleichnamigen Buch genannt. Wir werden berieselt. Lassen uns freiwillig berieseln, wenn wir wahllos in der Glotze rumzappen. »Sich berieseln lassen« hat meist etwas Negatives. Es sei denn, man steht tatsächlich unter der Dusche. Wer in Bargteheide auf den Duschknopf drückt, kann sich mit Kunst berieseln lassen. Am alten Dorfteich steht ein gebogenes Edelstahlrohr. Im Inneren verbirgt sich Tontechnik, der Duschkopf ist ein Lautsprecher. Poetry-Slam-Texte, Kurzgeschichten, Gedichte, Lieder, Witze rieseln daraus. Ein Zufallsgenerator steuert die Folge. Buchstaben im Boden unter der Dusche scheinen die heruntergetropften Wörter wie in einer Wanne zu sammeln.

Als die Bürger vor einigen Jahren bei der Stadtverwaltung durchsetzen, den historischen Teich als vitalen Treffpunkt zu gestalten, haben die Künstler Matthias Berthold und Andreas Schön die Idee zu der Dusche. Von unterschiedlichsten Menschen sammeln sie Texte ein, bespielen den Tonträger damit. Die Dusche kann so auch als Sprachrohr der Einwohner verstanden werden. Die Schüler des Eckhorst-Gymnasiums versorgen die Installation jedes Jahr mit weiteren Texten. Im schuleigenen Medienzentrum nehmen sie diese auf. Auch in Polnisch und Französisch. Als Zeichen an Bargteheides Städtepartner Żmigród und Déville-lès-Rouen. »Pansenteich« hat man den Feuerlöschteich früher genannt, der Schlachter ums Eck hat darin die Pansen der Rinder gewaschen. Seit die Sprachdusche steht, setzt sich »Wörterteich« durch.

Ein Zitat aus der Dusche könnte man in Endlosschleife hören: »Der Mensch schwimmt, weil er hohl ist – geht aber unter, weil er nicht ganz dicht ist.«

Adresse Ecke Rathausstraße/Mittelweg, 22941 Bargteheide | **Anfahrt** von der A1 (Ausfahrt Bargteheide) über die Hauptstraße und die Straßen Langenhorst und Lohe bis zur Hamburger Straße, rechts und wieder rechts in die Rathausstraße | **Tipp** Das »Kleine Theater« war Deutschlands erste Bühne für Oldie-Kabarett. Das »Cinema Paradiso« im selben Haus ist mehrfach für sein Programm ausgezeichnet (Hamburger Straße 3).

16 Das Salongrab
Schlafplatz für Riesen?

Immerhin sind 76 Granitbrocken erhalten geblieben. Seit 5.200 Jahren stehen sie Spalier im Klecker Wald, heute führt die Landstraße von Klecken nach Buchholz daran vorbei. Die Felsen sind Relikte eines jungsteinzeitlichen Totenkults. Älter als die Pyramiden von Gizeh! So schwer sind die Steine, dass man im Mittelalter glaubte, Riesen hätten sich hier schlafen gelegt.

Das Ganggrab ist 48 Meter lang und sechseinhalb Meter breit. Wegen dieser Großzügigkeit wird es auch Salongrab genannt. Es ist von Nord nach Süd ausgerichtet. Außen sind Granitblöcke wie an einer Perlenkette aufgereiht. Die Zwischenräume waren mit kleineren Steinen verfüllt, das Grab soll so den Eindruck einer geschlossenen Mauer vermittelt haben. Archäologen vermuten, dass das Monument mit Erdreich überhügelt war. Die eigentliche Grabkammer befindet sich am nördlichen Ende der Anlage. Auch hier sind die meisten Tragsteine erhalten. Von den flachen Deckensteinen ist einer geblieben. Man geht davon aus, dass es fünf gewesen sein müssen. Der Zugang zum Grab soll auf der östlichen Seite gelegen haben. Das Hünenbett, dessen Baubeginn man auf 3.200 vor Christus datiert, soll über viele Jahrzehnte immer größer geworden und mehrfach genutzt worden sein.

Das Ganggrab verfiel, nachdem man es aufgab. Die Umfassungssteine stürzten um, Bauern sollen die fruchtbare Erde abgetragen haben. Vielleicht haben sie auch die Grabbeigaben an sich genommen. Jedenfalls sind keine Funde dokumentiert. Zuletzt haben Steinschläger versucht, die Findlinge zu sprengen, um Baumaterial zu gewinnen. Der Forstbeamte Schneemann – sein Vorname ist heute unbekannt – hat das Grab auf Bendestorfer Gemeindegebiet 1892 wiederhergerichtet. Er ließ die umgestürzten Steine aufstellen. Einiges hat er sich wohl ausgedacht. So sollen die sogenannten Wächtersteine an den östlichen Ecken des Monuments eher Deckensteine der Grabkammer gewesen sein.

Adresse Bendestorfer Straße zwischen Klecken und Buchholz, 21227 Bendestorf | **Anfahrt** von der A1 (Ausfahrt Hittfeld) nach Klecken und weiter Richtung Buchholz, nach der Rechtskurve auf der linken Seite | **Tipp** Heide-Hollywood wurde Bendestorf einmal genannt. In den Filmstudios im Dorf wurden 100 Spielfilme und Serien produziert, darunter »Die Sünderin« mit Hildegard Knef – und der ersten Nacktszene im deutschen Kino. Von den Ateliers ist ein kleines Museum geblieben (Am Schierenberg 2, geöffnet Do 16–18 Uhr, So 15–17 Uhr).

17 Die Burg Vossloch
Wundersames Reich eines Galeristen

Die wuchtige Nackte stützt sich mit den Armen ab, hat den Kopf in den Nacken geworfen, die Beine leicht gespreizt. Valentino Burgmann hat die Monumentalplastik »Die Ruhende« des Bildhauers Alesio Sozzi am Wegrand vor seinem Garten aufgestellt. Der Blickfang hat damals nennenswerte Aufregung im Ort verursacht. Auf dem Grundstück sind zwei sechs Meter hohe Bronzeskulpturen der Künstlerin Osprey Orielle Lake die Attraktion: Adler im Flug, auf deren Schwingen die leicht beschürzte Fackelträgerin Cheemah balanciert und die Richtung vorgibt. Sie führt die Flamme von Hoffnung und Frieden zur Ehre der Erde. Von der Balustrade dahinter schaut ein braunes Pferd herüber, die Kunstwerke scheinen eine Symbiose einzugehen. Ein weiteres Pferd, blau-grün bemalt, schaut von einem hohen Balkon auf die Passanten.

Burg Vossloch nennen die Menschen die weiße Jugendstilvilla mit der bizarren Freiluft-Ausstellung, eingebettet in alten Baumbestand. Der italienische Graf Bartolomeo Sesiani hat das Haus mit Erkern und Turm vor weit über 100 Jahren für seine Geliebte bauen lassen. Anfang der 1920er Jahre war es Residenz einer Direktorin der Zirkus-Dynastie Althoff. Später zog ein Hamburger Bankenchef ein. 1926 wurde die Villa ein Hotel. Nach weiteren Besitzerwechseln hat Valentino Burgmann das Palais als Bauruine gekauft und wiederaufgebaut. Für ihn ist das Haus »ein Kaleidoskop, ein Ort der Magie. Diese Ikone der Architektur will ich unbedingt erhalten«.

Burgmann hat in Hamburg die Galerien »Raum und Kunst« sowie »Zeit für Kunst« betrieben. Burg Vossloch war seine Dependance. Russische Neujahrsnächte, die er hier feiern ließ, sind Legende. Für Maximilian Schell und Désirée Nick war die Villa Filmkulisse. Burgmann stellt seine private Sammlung aus, will ein Art-Café eröffnen. Bekannt wurde der Galerist mit seiner Idee, Pferde-Plastiken als dreidimensionale Leinwand zu nutzen. Die phantasievoll bemalten Kunstfaster-Geschöpfe sind weltweit ein Hit.

Adresse Hauptstraße 7, 25335 Bokholt-Hanredder, Tel. 0152/57232422 | **Anfahrt** von der A 23 (Ausfahrt Tornesch) über Ellerhoop und Bevern Richtung Barmstedt, links über die Voßlocher Chaussee in die Hauptstraße | **Öffnungszeiten** Sa, So 12–19 Uhr oder auf Anfrage | **Tipp** Die Voßlocher Chaussee zurück durch den Wald, rechts in die Pinneberger Landstraße: Eine Brücke führt auf die Insel im Rantzauer See mit Café im Schlossgefängnis (Rantzau 9, 25355 Bramstedt, geöffnet Mi–Sa 12–18 Uhr, So 10–18 Uhr).

18 Der Kinderkönig
Keck will er die Welt entdecken

Eines Tages muss der Kinderkönig mit ansehen, wie sich sein Spielzeug auf und davon macht. Es stellt sich hintereinander auf und zuckelt los. Vorneweg Mister Hundertachtziggrad, der durchgedrehte Dreiradfahrer. Dann die Ballerina Donatella. Es folgen Tweedeldee und Tweedeldum, die streitbaren Brüder aus dem Lieblingsbuch des Kinderkönigs, Knallfrosch Knackox und Briefträger Hans Herbert Hundefeind. Traurig, dass seine Lieben ihn verlassen haben, macht sich der Kinderkönig selbst auf den Weg. Eher aus Versehen fällt er dabei durch ein Loch in der Schlossmauer in die Welt. Zusammen mit seinem Roboter-Freund will er sie entdecken.

Der Kinderkönig ist eine Märchenfigur, die der Maler, Zeichner und Bildhauer Martin Lühker sich hat einfallen lassen. Über Jahrzehnte hat er den Kinderkönig weiterentwickelt. Es gibt ihn als Fragmente eines Kinderbuches, als Gemälde oder auf Postkarten. Als kindergroße Bronzefigur scheint er direkt aus der Mauer des Buchholzer Rathauses zu kommen. Marschiert im Stechschritt, schwenkt mit der Rechten sein Schwert, hält die Nase in die Luft. Ein wenig mürrisch wirkt er in dieser Darstellung, durchaus auch autoritär. Aber es gibt auf Bildern auch den anderen Kinderkönig, einen versöhnlichen. Dort sitzt er in einem Brokkoli-Wald vor einem Häuschen, wirkt mit sich im Reinen.

Für Buchholz in der Nordheide ist der Kinderkönig zur Identifikationsfigur geworden. Er passe gut zum Image einer jungen Familienstadt. Auf Plakaten lädt der Kinderkönig zum Stadtfest ein. Seine Krone gibt der Ehrennadel Gestalt. Für Schüler hat sich das Kulturamt den Kinderkönigpass ausgedacht, in den sie für den Besuch einer Theateraufführung oder der Stadtbücherei Kinderkönigmarken kleben können. Ist das Heftchen voll, gibt's ein kleines Geschenk und einen neuen Pass. Seine Geschichte »Das Loch in der Mauer« hat Martin Lühker (1955–2014) nicht zu Ende schreiben können.

Adresse Rathausplatz, 21244 Buchholz | **Anfahrt** von der A 1 (Ausfahrt Dibbersen) auf der B 75 Richtung Süden, links in den Nordring, rechts auf die Hamburger Straße, rechts in die Breite Straße, rechts auf den Rathausplatz | **Tipp** Büroschlaf im Rathaus gibt's in Buchholz nicht! Die Plastik »Schlafender Mann auf einem Sofa« des Künstlers Arne Ranslet hat man vor das Verwaltungsgebäude gestellt.

BUXTEHUDE

19 Das Abthaus
Stadtsitz der Benediktiner

Untote sind Wesen der Mythologie, Verstorbene, die zu den Lebenden zurückkehren. Irdische Verfehlungen können Gründe sein für die Ruhelosigkeit der Toten, sie bringen Botschaften, büßen oder üben Rache für nicht abgegoltene Schuld. Auch die Religionsgeschichte kennt Untote. Insofern muss nicht verwundern, was Archäologen beim Kloster Harsefeld gefunden haben. Im Kreuzgang entdeckten sie, wie man einst versucht hat, die Untoten zur Ruhe zu bringen. Ein Grab war nachträglich geöffnet worden, den Kopf des Mannes darin hatte man mit einem Findling beschwert. Der Sarg eines anderen wurde Jahre nach der Beerdigung noch einmal gewendet, der Tote lag nun auf dem Bauch. Aber was war mit den Gebeinen des Abtes? Man fand ihn ab der Hüfte abwärts gefesselt, die Ketten mit großem Vorhängeschloss gesichert.

Das Benediktinerkloster Harsefeld vor den Toren Buxtehudes hatte immer eine bewegte Geschichte. Gegründet wurde es 1104, um einen Mord zu sühnen. Es unterstand direkt dem Papst, die Oberen waren Erzäbte mit bischöflichen Würden, weswegen es Zoff mit den Klerikalen in Bremen gab. Erzabt Gerlach Schulte ließ 1399 eine Residenz neben der Kirche Sankt Petri in Buxtehude bauen. Aus dieser Zeit des Spätmittelalters ist der Keller mit den Felssteinen erhalten. Das Abthaus war auch Zufluchtsort innerhalb der gut befestigten Stadt. Ein Jahr lang musste sich Erzabt Arnold Bicker »mit beschwerlichen Unkosten« hier verstecken, als im Kloster »kein Hüsing« war. Ritter Pentz ließ den Konvent 1545/46 niederbrennen. Man hat ihn wiederaufgebaut, das Abthaus Anfang des 17. Jahrhunderts als giebelständiges Dielenhaus neu errichtet.

Nach dem Dreißigjährigen Krieg, als das Kloster sich auflöste, wurde das Abthaus verkauft. Seit 1800 war es eine Schankwirtschaft. Der Heimatverein hat das Abthaus Ende des vergangenen Jahrhunderts restauriert. Es ist nun wieder Gasthaus und Galerie mit schattigem Innenhof.

Adresse Abtstraße 6, 21614 Buxtehude, Tel. 04161/554077 | **Anfahrt** von der A 7 (Ausfahrt Hamburg-Heimfeld) auf der B 73 Richtung Buxtehude, bei Eilendorfermoor rechts in die Harburger Straße, bis zum Ende, links in die Hansestraße (rechts großer Parkplatz), zu Fuß durch die Gasse Stavenort zur Abtstraße | **Öffnungszeiten** Do–Sa 17–22 Uhr | **Tipp** Das Fuhrmannshaus, 1553 mit Prachtgiebel erbaut, war ein Wohnhaus mit Stallungen (um die Ecke, Fischerstraße 3).

20   Das Estefleth
Charming wie in Amsterdam

Es hat keinen Sinn, zu fachsimpeln, ob nun »Fleet« oder »Fleth« die richtige Schreibweise ist. »Flet« gibt es auch. Der Hamburger Senat hat sich im September 1946 für ein einheitliches »Fleet« entschieden. Das ist jetzt amtlich. Deshalb heißt es Fleetinsel, Dovenfleet oder Nikolaifleet. Die Buxtehuder haben ihr Fleth. So hält man es auch sonst im Alten Land.

Ende des 13. Jahrhunderts entschied Erzbischof Giselbert, am Fluss Este einen Hafen zu bauen und eine Stadt drum herum. Das Estefleth gilt heute als der älteste künstlich angelegte Hafen innerhalb einer Stadt Nordeuropas. Er hat Buxtehude zur wohlhabenden Hansestadt des Mittelalters gemacht. Noch bis 1962 wurden Plattboden-Frachtschiffe, sogenannte Ewer, an den Kaimauern be- und entladen. Giebelreihen ziehen sich entlang der Straßen Ostfleth und Westfleth. Nicht alles ist im Original als Fachwerk erhalten, aber man gibt sich redlich Mühe, den ursprünglichen Charakter zu bewahren. Bistros, Straßencafés und Einzelhändler sind im Erdgeschoss die Mieter. Brücken überspannen das schmale Hafenbecken. Alles mutet an wie an einer Gracht in Amsterdam. Kein Zufall. Wieder waren Holländer die Baumeister, die man schon für den Deichbau an der Elbe ins Land geholt hatte.

Mittendrin der Flethenkieker (vor Haus 33 am Westfleth). Flethenkieker hatten die wichtige Aufgabe, die Verschlickung eines Fleths durch Ebbe und Flut im Auge zu behalten, damit es schiffbar blieb. Sie mussten außerdem den Unrat entfernen. Der Flethenkieker des Künstlers Carsten Eggers scheint gut gelaunt zu sein. Mit Halbglatze und Bauchansatz lehnt er lässig am Geländer, hat das Wasser im Auge, pfeift ein Liedchen. Passantinnen küssen den Bronzemann gerne. Ein paar Schritte südwestlich liegt vor der Flethmühle die 23 Meter lange Margareta im Wasser. Sie ist das letzte verbliebene Segelschiff der Buxtehuder Ewer-Flotte, war bis Mitte des vergangenen Jahrhunderts unterwegs.

Adresse Ostfleth/Westfleth, 21614 Buxtehude | **Anfahrt** von der A 7 (Ausfahrt Hamburg-Heimfeld) auf der B 73 Richtung Buxtehude, bei Eilendorfermoor rechts in die Harburger Straße, bis zum Ende, links in die Hansestraße (rechts großer Parkplatz), zu Fuß durch die Gasse Stavenort, links über den Sankt-Petri-Platz zum Markt, rechts durch die Breite Straße | **Tipp** Kitschig, gemütlich, knallbunt, hoher Frauenanteil, viele Kinder: das Café Pom Pom (Westfleth 23, geöffnet Di–Sa 9–17 Uhr).

21 Die Kunstinsel
Jedes Jahr eine neue Installation

An manchem Kunstwerk geht man ja achtlos vorüber. An diesem nicht. Was ist das, was dort auf dem Viver schwimmt, dem alten Burggraben? Eine besondere Form von exzessivem Vandalismus? Hat jemand in Rowdy-Manier die Einkaufswagen aus dem Supermarkt entsorgt? Aber nein, das Ganze hat einen Namen: »Rüdiger (Lost in the Supermarket)«. Die Bürgermeisterin kam zur Präsentation der Installation. Die Sparkasse fördert das Projekt. Dann kann es keinen Zweifel geben – das ist Kunst!

Uwe Schloen hat die drei Einkaufswagen übereinandergestapelt. Im mittleren hockt etwas, das aus der Ferne aussieht wie ein nacktes Huhn. Betrachtet man es näher, erkennt man eine rosa angepinselte Holzfigur mit großen Augenhöhlen, in sich gekehrt. Das ist Rüdiger. »Ich hätte die Figur auch Karl-Heinz nennen können«, sagt der Künstler. »Ich entschuldige mich bei allen Rüdigern dieser Welt.« Er versteht seine Installation als humorigen Beitrag zur Ambivalenz der Konsumwelt. Auf der einen Seite Shopping-Malls mit Menschen, die nichts anderes im Kopf haben, als zu kaufen. »Die Leute hetzen da durch, schauen nicht, sind gefangen von der Warenwelt.« Wie Rüdiger in seinem Einkaufswagen-Knast, verloren im Supermarkt. Auf der anderen Seite ist da der Spaß am Kaufen. »Das mache ich ja selber gerne«, sagt der Bremer Künstler. Als Konsumkritiker ist er beschimpft worden im Internet und in Leserbriefen im Buxtehuder Tageblatt. Uwe Schloen hat das gefreut. »Das zeigt, dass eine so kleine, schnöde Kunstarbeit solch eine Kraft entwickeln kann.«

Auf der Kunstinsel, der Plattform auf dem Viver, zeigt jedes Jahr ein anderer Künstler sein schwimmendes Kunstwerk. Vor Jahren schon hat Peter Schmidt dort sein Objekt »Kreuzfahrten« installiert. Wie in einem Comic waren Passagiere auf einem Luxusliner in Schieflage zu sehen. Schmidt stellte sie Menschen auf der Flucht in seeuntüchtigen Booten gegenüber.

Adresse Zwischen den Brücken 8, 21614 Buxtehude | **Anfahrt** von der A7 (Ausfahrt Hamburg-Heimfeld) auf der B 73 Richtung Buxtehude, bei Eilendorfermoor rechts in die Harburger Straße, bis zum Ende, links in die Hansestraße, rechts in die Poststraße, rechts in die Bleicherstraße, bis zum Ende | **Tipp** Unter Bäumen überm Wasser in kuscheligen Kojen sitzen – bis zum Café Entlein sind es nur 200 Meter die Straße Zwischen den Brücken entlang (Am Geesttor 22, geöffnet täglich ab 9 Uhr).

22 Der Blankenese-Blick
Cinderellas Welt

Von Blankenese schwärmt das Stadt-Marketing: »Mehr als ein Blankeneser kann ein Hamburger nicht werden. Blankenese ist einer der schönsten Stadtteile Hamburgs – und einer der reichsten. Das wundert nicht bei dem traumhaften Ausblick über die Elbe.« Wenn die Blankeneser nach Süden schauen, sehen sie auf der anderen Flussseite das Sperrwerk der Este. Aber von hier aus ist der Blick (auf Blankenese) viel schöner. Atemberaubend. Drei Kilometer liegen dazwischen. Dass Norddeutschland nicht nur plattes Land ist, ist hier sofort bewiesen. Wie eine Ansammlung von Traumschlössern mutet die in die Hügel gruppierte Bebauung auf dem Elbe-Nordufer an. Schöne Aussicht auf Cinderellas Welt.

Blankeneser Vornehmbistros gibt's am Cranzer Hauptdeich nicht. Dafür Bierbänke rund um Sannis Elbkate, Imbissbude mit guter Currywurst und kühlem Bier. Am Ufer Fernrohre für Schaulustige. Der Blick geht über das Mühlenberger Loch, früher mündete die stillgelegte Süderelbe in diese Bucht. Das Loch fällt bei Ebbe trocken, es ist eines der größten Süßwasserwatten Europas. Dahinter der Hauptstrom der Elbe. An den Inseln Neßsand und Schweinsand vorbei schieben sich Dickschiffe durch die Fahrrinne zum Hamburger Hafen. Am Ufer das Jugendstilpalais des Strandhotels, die alten Fischer- und Kapitänshäuser am Strandweg. Strahlend weiße Fassaden klassizistischer Villen und moderner Apartment-Ensembles. Das Treppenviertel mit seinen 5.000 Stufen rund um den Süllberg, obendrauf die Burg mit Sternerestaurant. Rechts davon die neugotische Marktkirche. Noch weiter rechts Baurs Park mit dem Katharinenhof.

Hinter dem Sperrwerk liegt die Werft Pella Sietas. Deutschlands ältester Schiffsbaubetrieb war neun Generationen in Familienbesitz, bevor ein russischer Investor ihn aus einer Pleite übernahm. Der musste Ende 2021 selbst Insolvenz anmelden – obwohl Aufträge für vier Schiffe in den Büchern standen.

Adresse Cranzer Hauptdeich, 21129 Hamburg-Cranz | **Anfahrt** von der A 7 (Ausfahrt Hamburg-Waltershof) Richtung Finkenwerder/Cranz, über den Neuenfelder Hauptdeich, nach der Brücke des Este-Sperrwerks parken | **Tipp** Zwei Kilometer nach Westen über die Straße Hinterbrack: Rechts geht's zum Hamburger Jugend- und Frauengefängnis auf der Halbinsel Hahnöfersand.

DRAGE

23 Die Rennbahn am Deich
Mit Pferde-Sex fing alles an

»Look Red Romulus an der Spitze! Dahinter Banter Boy und Abrazzo d'Amour. Außen kommt Ricmic De Val.« Der Moderator erklärt den Rennverlauf, die Stimme überschlägt sich jetzt fast. »Banter Boy rot! Banter Boy rot! Noch zweihundert Meter. Look Red Romulus jetzt vor Ricmic De Val. Innen geht Gentleman As. Noch 100 Meter. Ricmic De Val übernimmt. Ricmic De Val hat die Führung. Ricmic De Val ist im Ziel!« Das ist Rennbahn-Latein, aber doch leicht zu verstehen. »Banter Boy rot!« bedeutet, dass das Pferd disqualifiziert wird. Es hat galoppiert, was beim Trabrennen nicht vorgesehen ist. Der Moderator erzählt dem Publikum noch, dass Ricmic De Val »der trabende Geldschrank« sei. Hunderttausende Euro Siegprämie hat der Fuchswallach für seinen Besitzer schon erlaufen. Auch auf der Stover Rennbahn ist er nicht das erste Mal der Sieger.

Kaltblutrennen. Ponyrennen. Galopp für Warmblüter. Trabrennen vor allem. Der Renntag am Elbestrand hat ein volles Programm. Angefangen hat alles 1775 mit einer Zuchtstation. Zwei Hengste standen bereit, um Stuten zu beglücken. Die kamen auch aus dem Holsteinischen. Mit dem Kahn ging's über den großen Fluss zum Pferde-Sex. Auf dem Harms'schen Hof stellte man die Stuten in Pension, bis sie als tragend galten. Und hier, in der Schankwirtschaft des Hofes, soll die Idee ausgeschnackt worden sein: Man könne doch Leistungsvergleiche ausrichten und außerdem die große Klasse der Hannoveraner Pferde vorführen. Was braucht man dafür? Eine Rennbahn und einen Verein, der das alles organisiert.

Mit Ausnahme der Kriege, einiger Hochwasserjahre und der Corona-Zeit finden seit 1875 einmal im Jahr Pferderennen am Elbeufer statt. Das ist kein Schickimicki-Event, das ist etwas für jeden. Die Menschen der Region teilen das Jahr in »vor dem Rennen« und »nach dem Rennen« ein. Tausende sind jeden Sommer dabei. Der Deich an der Grasbahn ist natürliche Tribüne. Das ist einzigartig!

Adresse Stover Strand, 21423 Drage, Tel. 0151/53037664 | **Anfahrt** von der A 25 (Ausfahrt Geesthacht) auf die B 404 Richtung Lüneburg, nach der Elbüberquerung rechts auf die Elbuferstraße, Schwinder Straße und Stover Straße, rechts in die Straße Stover Strand (großer Parkplatz) | **Öffnungszeiten** Rennprogramm unter www.stover-rennen.de | **Tipp** Die Straße Stover Strand bis zum Campingplatz und rauf auf den Deich: guter Überblick über die Elbe, den Yachthafen und den Bootsverleih.

EHESTORF

24 Das blaue Haus
Auf jeden Fall ein Hingucker

Weiß und Rot waren früher die Farben, mit denen die Menschen bevorzugt die ländlichen Fachwerkhäuser angestrichen haben. Das hatte nichts mit ihrem ästhetischen Empfinden zu tun. Weiß und Rot konnten sie sich leisten. Die hierfür benötigten Pigmente wurden aus pflanzlichen, tierischen oder mineralischen Stoffen gewonnen und waren einfach zu bekommen. Für Weiß hat man Muschelkalk und Kreide genommen und diese zerrieben. Rot ließ sich aus Wurzeln und Zellsaft des sogenannten Färberkrapps gewinnen, die Pflanze ist heute bei uns nur noch in Rheinland-Pfalz und Sachsen heimisch. Blaue Wandfarbe war teuer. Ab dem frühen Mittelalter ist die Herstellung von Pigmenten aus Lapislazuli dokumentiert. Das Gestein lässt sich in Afghanistan, China und Tibet finden, musste mühsam abgebaut, importiert, zerkleinert und gemahlen werden. Ultramarin sagt man, weil der Grundstoff übers Meer kam.

Bezahlen konnten die meisten das Blau erst mit der Erfindung des synthetischen Ultramarins Anfang des 19. Jahrhunderts. Jetzt wurde Blau ein Modephänomen. Selbst Scheunen und Ställe hat man so angepinselt. Die gute Deckkraft der Farbe war zudem ideal, um Schäden im Lehmputz zu kaschieren. Das blaue Haus im Freilichtmuseum Kiekeberg duckt sich unter einer mächtigen Eiche. Errichtet wurde es im 18. Jahrhundert. Es hat keinen reichen Leuten gehört, das schließen Bauhistoriker aus dem Fußboden, der nur gestampfter Lehm ist. Hinter dem großen Dielentor sind links und rechts des Wirtschaftsraums Hühnerstall und Schweinebox angeordnet, Menschen und Tiere haben auf engstem Raum zusammengelebt. Im hinteren Teil der Kate ist eine Herdstelle aufgemauert, von hier aus wurde auch der sogenannte Hinterladeofen in der Stube daneben befeuert. Sie war der einzige beheizbare Raum.

Der blaue Anstrich knallt. Man wünscht sich, dass auch heute mehr Architekten und Bauherren Mut zur Farbe hätten.

Adresse Am Kiekeberg 1, 21224 Rosengarten-Ehestorf, Tel. 040/7901760 | **Anfahrt** von der A 7 (Ausfahrt Hamburg-Marmstorf) rechts, die B 75 überqueren, weiter über den Eißendorfer Waldweg und die Appelbütteler Straße, im Kreisel links in die Ehestorfer Straße, rechts in die Straße Am Kiekeberg | **Öffnungszeiten** Di–Fr 9–17 Uhr, Sa, So 10–18 Uhr | **Tipp** Mal einen Mähdrescher durchs Kornfeld steuern? Im Agrarium auf dem Museumsgelände kann man das im Fahrsimulator ausprobieren.

25 Das Ansverus-Kreuz
Wo der Mönch gesteinigt wurde

Kirchenhistoriker vergleichen den Mönch Ansverus (1038–1066) aus Schleswig durchaus mit Franz von Assisi. Wenigstens hinsichtlich seines Wegs zum Glauben. Wie der heilige Franz wird Ansverus als Sohn sehr vermögender Eltern geboren. Der Vater Oswaldus ist Ritter und Herr über große Ländereien. Der Sohn soll den Wohlstand mehren, wie damals Franz. Und auch Ansverus wird von einer sehr frommen Mutter erzogen. Er spürt eine religiöse Berufung. »Sein Sinn war nicht darauf gerichtet, sich weltliche Ehre und irdischen Ruhm als Ritter und Kriegsheld zu erringen, sondern Weisheit wollte er lernen, und darum konnte ihn das Leben auf den väterlichen Besitzungen nicht befriedigen.« So steht es in Kirchenbüchern geschrieben. Ansverus sagt den Eltern, er wolle zum Onkel reiten. Tatsächlich macht er sich auf den Weg zum Benediktinerkloster Sankt Georg auf dem Berge bei Ratzeburg. Mit 15 Jahren.

Ansverus wird Mönch, Priester, Abt. Er und die Mitbrüder arbeiten als Missionare. Den ringsum siedelnden heidnischen Wenden predigen sie das Evangelium. Aber es sind Wenden, die am 15. Juli 1066 das friedliche Kloster überfallen und niederbrennen. Sie schleppen die 19 Mönche auf die Anhöhe Rinsberg beim heutigen Dorf Einhaus. Die Ordensmänner werden gesteinigt. Ansverus bittet darum, als Letzter an der Reihe zu sein. Er will den Brüdern beistehen und sie davor bewahren, in der Not vom Glauben abzufallen. Ansverus stirbt als Märtyrer mit 28 Jahren. 1147 wird er heiliggesprochen.

Vom Ratzeburger Dom aus startet am zweiten Sonntag im September eine Fußwallfahrt zum Rinsberg. Die Pilger versammeln sich dort am Ansverus-Kreuz, einem Radkreuz aus Kalkstein. Seit dem 15. Jahrhundert steht es am Rande einer Wiese, die heute Jugendzeltplatz ist. Früher sah man unterm Kreuz noch eine kniende Figur, sie ist verwittert. Der Standort des Kreuzes soll die Stelle sein, an der Ansverus gesteinigt wurde.

Adresse an der B 207, 23911 Einhaus | **Anfahrt** von der A 24 (Ausfahrt Talkau) auf die B 207, an Ratzeburg vorbei, in Einhaus rechts unter der Bahnstrecke hindurch (Ansverus-Kreuz ist ausgeschildert), links in die Bergstraße, links auf den Weg Waldhang, hier parken, nach 450 Metern halb links auf den Feldweg | **Tipp** Auf halber Strecke des Feldwegs hat man einen Weitblick bis Lübeck (20 Kilometer entfernt). Der Dom und die anderen Kirchen der Hansestadt ragen hervor.

ELLERHOOP

26 — Der Wasserwald
Hier wachsen die Bäume der Zukunft

Mit den Knien atmen, das muss man hinbekommen. *Taxodium distichum* – so der botanische Name – kann's. Wie Knie, im spitzen Winkel angezogen, schiebt der Baum seine Wurzeln aus dem Wasser oder feuchten Boden. Die hölzernen Knie können über einen Meter hoch werden. In ihrem Inneren sind sie von großen Luftkanälen durchzogen, die der Belüftung und Atmung des Wurzelwerks im sauerstoffarmen Sumpf- oder Wassermilieu dienen. Im Untergrund setzen sich die Wurzeln pfahlartig fort und verankern den Baum an schlammigen Uferstandorten. Die Sumpfzypresse, eigentlich im Süden der USA, in Mexiko und Guatemala zu Hause, wird bis zu 35 Meter hoch und über 1.000 Jahre alt. Der sommergrüne Nadelbaum hat eine rötlich blasse Borke.

Auch der Urweltmammutbaum *Metasequoia glyptostroboides*, das Chinesische Rotholz, erst vor 70 Jahren in der Provinz Sichuan entdeckt, passt sich permanent überfluteten Standorten bestens an. Forstwissenschaftler haben *Taxodium distichum* und *Metasequoia glyptostroboides* im Wasserwald des Arboretums in Ellerhoop zu einem Ensemble arrangiert. »Im Hinblick auf den prognostizierten Klimawandel«, wie sie betonen. Sie wollen Garten- und Landschaftsarchitekten sowie Gartenbesitzern Gehölze vorstellen, die sich aufgrund ihrer speziellen Eigenschaften wie Hitze- und Trockenheitsresistenz, Frostfestigkeit und eben auch Überflutungstoleranz für eine zukünftige Anpflanzung besonders eignen. Vor allem die Sumpfzypresse sei wegen des Anstiegs des Meeresspiegels »ein wichtiger Baum für küstennahe Siedlungen«. Sie gilt als einer der Bäume von morgen!

Die Parkanlage Arboretum ist Freizeitziel, unterstützt den Biologieunterricht an Schulen und dient Studenten wie Wissenschaftlern als Standort für Gehölzforschungsprojekte. Mit Bambus-Dschungel und Beispielen farbenfroher Gartenkunst. Mit Tausenden Lotosblumen, die im Juli und August neben dem Wasserwald blühen.

Adresse Thiensen 4, 25373 Ellerhoop, Tel. 04120/218 | **Anfahrt** von der A 23 (Ausfahrt Tornesch) Richtung Barmstedt, rechts in die Straße Oha, links in die Straße Thiensen | **Öffnungszeiten** April–Sept. Mo–So 10–19 Uhr, Okt.–März Mo–So 10 Uhr bis Einbruch der Dunkelheit, Dez.–15. Jan. geschlossen, Café: Mo–Fr 11–18 Uhr, Sa, So 10–18 Uhr | **Tipp** Der Riesen-Mammutbaum General Sherman Tree ist mit 83 Metern der höchste Baum der Welt. In der Südostecke des Arboretums hat man die ersten zehn Meter des Stammes nachgebaut und einen »General Sherman Junior« hineingepflanzt. In 2.000 Jahren wird er die nachgeformte Hülle des »General Sherman Senior« sprengen.

27 Die Kölln-Werke
Frühstück ist fertig!

Dass die Erbin einer Haferflocken-Dynastie selbst auf Cerealien steht, sollte niemanden verwundern. Zum Frühstück gerne Schokomüsli, verriet Friederike Driftmann den Kieler Nachrichten. Die Juristin, die das Familienunternehmen Peter Kölln in siebter Generation lenken wird, mag außerdem Porridge mit Mandelmus und Früchten. Driftmanns Geschäftsführer, der mal Ernährungsminister war, assistiert, er selbst sei mit Müsli aufgewachsen. Tatsächlich kennen über 65 Prozent der Deutschen Produkte der Köllnflockenwerke. Mehr als die Hälfte der Haushalte kauft nach Unternehmensangaben Kölln-Produkte. Der Klassiker »blütenzarte Köllnflocken« steht seit bald 100 Jahren in der hell- und dunkelblauen Packung in den Regalen. Die Tüte ist eine Markenikone.

1795 fängt alles an. Hans Hinrich Kölln kauft eine kleine, von Pferden getriebene Mühle. Er liefert Hafergrütze und Schiffszwieback an die Walfänger, die vom Elmshorner Hafen aus nach Grönland aufbrechen. Sohn Peter gründet 1820 das heutige Industrie-Unternehmen. Zunächst ist es Getreidegroßhändler, später führender Weiterverarbeiter von Hafer. Heute gibt es Köllnflocken in Dutzenden Müslimischungen, als Riegel und sogar zum Trinken. Das »Haferland« ist der Flagship-Store in Hamburg, ein »Kleines Haferland« hat vor Kurzem auf Sylt eröffnet. Um sich zu diversifizieren, hat das Unternehmen die Öle Livio und Mazola dazugekauft. Der Hafer, den man aus Deutschland, Finnland und Schweden bezieht, wird immer noch in den 100 Jahre alten Backsteingebäuden am Hafen gewalzt.

Diese sind auch auf einem Gemälde in der Firmenzentrale zu sehen. Zwei Lastensegler liegen davor im Wasser. Später hat es eine eigene Flotte gegeben, die Binnenmotorschiffe »Kornblume«, »Kornähre« und »Korngarbe« haben den Hafer angeliefert. Die »Klostersande« ist übrig geblieben, am Kai hat sie ihren festen Platz. Man kann sie als Event-Schiff mieten.

Adresse Westerstraße 22–24, 25336 Elmshorn, Tel. 04121/6480 | **Anfahrt** von der A 23 (Ausfahrt Elmshorn) über die Hamburger Straße (B 431) nach Elmshorn, bis zur Westerstraße | **Tipp** Das Hochhaus nebenan (Ecke Reichenstraße/Vormstegen) war die Zentrale des Teppich-Großhändlers Kibek und ehemals das höchste Gebäude Schleswig-Holsteins. Jetzt ist es ein Apartment-Turm.

28 Der Lawn-Tennis-Club
Spielplatz der Weltmeister – was ist mit Olga?

Zu Recht sind sie stolz auf ihren Michael. Die Vereinschronik notiert den 17. Dezember 1973 als sein Aufnahmedatum, Michael war fünf Jahre alt. Die Website zeigt neben dem mit Reet gedeckten Clubhaus Michael als Elfjährigen, Michael beim Rückhandspiel sieben Jahre später, Michael im Jahr 1991, das Jahr seines Wimbledon-Triumphes. Da besiegt Michael Stich beim wichtigsten Tennisturnier der Welt nacheinander die Branchen-Elite. Erst schaltet er French-Open-Champion Jim Courier aus. Dann den Weltranglisten-Ersten und Titelverteidiger Stefan Edberg. Im Finale kämpft er Boris Becker nieder. Dass der Centre-Court-Sprecher vor 14.000 Zuschauern und Millionen an den Fernsehgeräten zunächst Becker als Sieger nennt – sei's drum. Im Clubhaus hängen gerahmte Fotos von Michael. Das aus Wimbledon ist besonders groß. Es zeigt den Winner nach dem Matchball seines Lebens auf dem Rasen kniend, die Arme nach oben gerissen. Später hat Michael Stich Gold bei Olympia geholt und ist Weltmeister gegen Pete Sampras geworden.

Aber was ist mit Olga? Clubmitglied Olga Shaposhnikova war Vizeweltmeisterin im Einzel, mehrfache Weltmeisterin im Doppel, mehrfache Europameisterin im Einzel wie im Doppel. Heute ist sie Trainerin des Vereins. Noch immer gelingen ihr internationale, großartige Erfolge. Jetzt in der Klasse 50-Plus.

Der Name Lawn-Tennis-Club ist verwirrend. Das Wort »Lawn« aus dem Englischen bedeutet Rasen. Wie in Wimbledon. »All England Lawn Tennis and Croquet Club« heißt es dort. Hier hat man eine Drei-Feld-Tennishalle mit Gummi-Granulat-Boden und acht Freiluftplätze mit rotem Sandbelag. Rasenplätze gibt es nicht. Platz eins mit zwölf Bogenlampen an der Terrasse vorm Clubhaus ist der Centre-Court von Elmshorn. »Platz fünf darf nur bespielt werden, wenn alle anderen Plätze belegt sind. Der Vorstand!« – Besser ist das. Im Bachlauf daneben schwimmen etliche gelbe Tennisbälle.

Adresse Kaltenweide 101, 25335 Elmshorn, Tel. 04121/81124 | **Anfahrt** von der A 23 (Ausfahrt Elmshorn) auf die B 431, rechts in die Wittenberger Straße, links in die Straße Kaltenweide | **Tipp** Elmshorn ein Tennis-Mekka? Noch mehr Plätze gibt's auf der anderen Straßenseite beim EMTV von 1860. Dazu ein Fußball- und Leichtathletikstadion (Koppeldamm 1).

ELMSHORN

29 Die Markthalle
Ranunkeln und Reißverschlüsse

Eine Mäuse-Invasion ausgerechnet dort, wo leckerster Käse angeboten wird. Geht natürlich gar nicht! Aber die Elmshorner wie die Kunden und die Marktkaufleute aus der Region haben es gelassen genommen. Der Buttermarkt und die historische Markthalle – das ist die Geschichte einer richtig dicken Freundschaft. Seit 1928 wird im Backsteinbau mit Sprossenfenstern und Fledermausgauben im steilen Dach Frisches und Haltbares verkauft. Bald ein Jahrhundert lang, deshalb lassen die Menschen so schnell nichts auf ihre Markthalle kommen. »Ist nun mal ein altes Gebäude.« »Das ist Natur.« So haben die Elmshorner Nachrichten Käufer und Händler zitiert. Alle waren ganz entspannt. Zumal die Stadt das Gebäude »wegen erheblichen Befalls« sofort geschlossen und den Kammerjäger losgeschickt hat. Nach vier Wochen war die Attacke der Nager abgewehrt. Sichtbar ist keine Maus anzutreffen.

Die Markthalle ist ein Unikum. Auf engstem Raum haben auf der ersten Ebene 14 Stände Platz. Das ist mal wirklich ein Gemischtwarenladen. Damenslips neben Hasenkeulen. Trüffel aus feinster Confiserie neben abgegriffenen Lore-Romanen. Secondhand-Klamotten und gleich gegenüber Eingelegtes von der Olive. Mittendrin das Café Kaffeeklappe. Draußen vor der Tür reihen sich um die 70 mobile Marktbuden mit Aal und Aubergine, Ranunkeln und Reißverschlüssen, Zwiebeln und Ziegenmilch. Man macht Pläne, auch die zweite Ebene der Halle zu nutzen. Vielleicht für weitere Allwetter-Stände, vielleicht als Theaterraum. Ein Lift wäre schön. Wenn die Denkmalschützer einverstanden sind.

Die Halle wurde als Speicher der Lederfabrik Strecker gebaut. Rohhäute sollten hier lagern, das Gebäude ging aber nie in Betrieb, die Firma machte Anfang des vergangenen Jahrhunderts Pleite. Elmshorn war bedeutender Standort der Lederindustrie. Die stinkenden Abwässer hat man in den Fluss Krückau auf der anderen Straßenseite gespült.

Adresse Buttermarkt/Schauenburger Straße, 25336 Elmshorn | **Anfahrt** von der A 23 (Ausfahrt Elmshorn) über Hamburger Straße und Reichenstraße (B 431), rechts in die Straße Vormstegen, bis zum Buttermarkt | **Öffnungszeiten** Marktzeiten Mi 7–12 Uhr, Sa 7–13 Uhr | **Tipp** Der mit Graffiti besprühte Zugwaggon auf Schienen neben der Halle ist das »Rollende Rathaus«, Treffpunkt des Kinder- und Jugendbeirats der Stadt.

FRIEDRICHSRUH

30 — Bismarcks Sofa
Im Arbeitszimmer des Eisernen Kanzlers

Mit Hunden ist immer auch Politik gemacht worden. Es war eine Machtdemonstration auf vier Pfoten, als Russlands Präsident Wladimir Putin zum Vier-Augen-Gespräch mit Angela Merkel seinen schwarzen Labrador Koney mitbrachte – wohl wissend, dass die deutsche Kanzlerin sich in Anwesenheit von Hunden nicht wohlfühlt, seit sie einmal gebissen wurde. Auch Otto von Bismarck war geradezu berüchtigt für seine Hunde, stattliche Doggen. Als 1878 in Berlin die Großmächte eine neue Friedensordnung für Südosteuropa aushandelten, herrschte Befremden unter den Kongressteilnehmern, weil Bismarck die Tiere wie selbstverständlich mit in den Sitzungssaal nahm. Da passierte es: Während der russische Außenminister Alexander Gortschakow am Rednerpult stand, schoss eine der Doggen auf ihn zu, verbiss sich in der Hose des Ministers und zerfetzte sie. Bismarck wird so zitiert: »Ich habe große Achtung vor der Menschenkenntnis meines Hundes.«

Reichshunde nannten die Menschen seither die Lieblinge des ersten Reichskanzlers. Erzählungen, Bismarck habe schon als Corpsstudent in Göttingen eine Dogge namens Ariel gehabt und insgesamt 60 der Tiere in seinem Leben, lassen sich nicht verifizieren. Aber viele waren es auf jeden Fall. Doggen dienten ihm als kraftstrotzende Bodyguards. Sultan war ein Präsent des bayerischen Gutsherrn und Diplomaten Max von Holnstein, nachdem 1874 bei einer Kur in Bad Kissingen auf Bismarck geschossen worden war. Auch Tyras kam von diesem Spender. Den Nachfolger Tyras II schenkte Kaiser Wilhelm II., der sonst eher Dackel bevorzugte.

Nach seiner Entlassung zieht sich Bismarck auf seinen Sitz in Friedrichsruh zurück. Auf der Chaiselongue im Arbeitszimmer, ausgestellt im Bismarck-Museum, macht er gerne ein Nickerchen. Bewacht von seinen Doggen. Zwei Sessel hat man dicht an die Couch geschoben. Zuletzt haben Tyras II und Rebecca, Beckchen genannt, darauf gelegen.

Adresse Am Museum 2, 21521 Friedrichsruh, Tel. 04104/977110 | **Anfahrt** von der A24 (Ausfahrt Reinbek) nach Schönningstedt, links Richtung Aumühle/Geesthacht, nach Aumühle links nach Friedrichsruh, links in die Straße Am Museum | **Öffnungszeiten** April–Sept. Di–So 10–18 Uhr, Okt.–März Di–So 10–16 Uhr | **Tipp** Im Mausoleum stehen die Sarkophage von Bismarck und seiner Frau Johanna von Puttkamer (die Straße entlang, unter der Bahnlinie durch).

FRIEDRICHSRUH

31 Max Schmelings Boxring
Hier trainierte er vor seinem größten Kampf

Die sitzt. Schnurgerade kommt Schmelings Rechte. 74 Schmeling-Hämmer muss der »braune Bomber« Joe Louis im Juni 1936 im Yankee Stadium in New York einstecken, dann hat Max Schmeling den Gegner in der zwölften Runde besiegt. Millionen sind am Radio dabei. Das Duell gegen den als unschlagbar geltenden Louis wird der berühmteste Kampf des deutschen Schwergewicht-Boxweltmeisters. Es ist damals nicht nur ein Fight Weiß gegen Schwarz. Es ist auch die Konfrontation Diktatur gegen Demokratie, Alte gegen Neue Welt. Hitler lässt den Film vom Kampf einfliegen und verfügt, dass er wenige Tage später unter dem Titel »Max Schmelings Sieg – ein deutscher Sieg« in den Kinos läuft. Im Rückkampf 1938 hat dann Joe Louis Schmeling in 124 Sekunden verhauen.

Für seinen ersten Kampf gegen Louis hatte Max Schmeling in einem Anbau des Forsthauses Friedrichsruh trainiert. Otto Graf von Bismarck und seine Frau Ann Marie, glühende Verehrer der Box-Legende und Großeltern des heutigen Hausherrn Gregor Graf von Bismarck, hatten die Halle eigens für Schmeling errichten lassen. Mit seiner Entourage quartierte er sich ein. Im Sachsenwald steigerte er beim Dauerlauf die Kondition. Im Anbau holten sich seine Sparringspartner blutige Nasen.

Die von Bismarcks haben das Forsthaus mit seinem Restaurant gründlich aufgemöbelt. In der Max-Schmeling-Halle, einem der Gasträume, ist fast alles beim Alten geblieben. Die Holzvertäfelung ist noch die von damals. Großformatige Schwarz-Weiß-Fotos zeigen Szenen aus Schmelings Sportler-Leben. Boxhandschuhe baumeln von der Decke.

Otto von Bismarck, der Reichskanzler (siehe Ort 30), Ururgroßvater von Gregor von Bismarck, hat selbst gerne im Forsthaus getafelt. Hummer, Wild, gefüllter Fasan sollen die Leibgerichte gewesen sein. Kräuter und Pilze für die Küche kommen auch heute noch aus dem Wald. Wildschweinkeule oder Cheeseburger vom Wild stehen auf der Karte.

Adresse Ödendorfer Weg 5, 21521 Friedrichsruh, Tel. 04104/6992899 | **Anfahrt** von der A 24 (Ausfahrt Reinbek) nach Schönningstedt, links Richtung Aumühle/Geesthacht, nach Aumühle links nach Friedrichsruh, rechts in den Ödendorfer Weg | **Öffnungszeiten** Fr 17–21 Uhr, Sa, So 12–21 Uhr | **Tipp** Vom Ödendorfer Weg in die Straße Am Museum, rechts in den Schlossweg und wieder rechts: Bunte Flattermänner segeln durch den Garten der Schmetterlinge (Am Schlossteich 8, geöffnet Mitte März–Sept. Di–So 10–18 Uhr, Okt. 10–17 Uhr).

32 Das Brückenhaus
Es kuschelt mit einem uralten Baum

Glückstadt hatte einmal den Ehrgeiz, Hamburg den Rang als Handelsmetropole abzulaufen. Daraus ist ja nun nichts geworden, als aber König Christian IV. von Dänemark und Norwegen die Stadt 1617 sternförmig auf dem Reißbrett planen ließ, lockte er die Erstbewohner mit kostenlosen Grundstücken, Steuer- und Religionsfreiheit. Juden aus Portugal und reformierte Holländer kamen und verhalfen der Stadt schon bald zur Wirtschaftsblüte. Adelshöfe und prächtige Bürgerhäuser entstanden. Das Brockdorff-Palais an der Straße Am Fleth 43 wurde für Graf Christian Pentz, den Schwiegersohn des Königs, gebaut. Jetzt sind darin Museum und Stadtarchiv untergebracht.

Die Zeile historischer Gebäude auf der Nordseite des Binnenhafens ist auf 500 Metern nahezu komplett erhalten. Im Haus Nummer 40 hat Wiebeke Kruse gewohnt, die erst Waschfrau am dänischen Hof und dann Gespielin des Königs war. Haus 46 war Regierungskanzlei. Heute ist es das »Palais für aktuelle Kunst«. Ein Haus hebt sich vollständig von den anderen ab: das Fachwerkhäuschen auf der anderen Straßenseite. Ein uralter Baum lehnt sich an – oder schmiegt sich das Haus an den Baum?

Als man 1635 zu der Auffassung gelangte, es sei geschickter, das Schloss auf der einen Seite des Hafens mit den königlichen Gärten auf der anderen Seite über eine Klappbrücke zu verbinden, baute man auch das Brückenwärterhäuschen. Anfang des 19. Jahrhunderts brauchte man die Brücke nicht mehr und riss sie ab. Das Häuschen ist stehen geblieben, 1840 ist ein noch kleineres dazugekommen. Das Ensemble, gut renoviert, wird privat bewohnt. Zwei maritime Gemälde hängen über den Eingangstüren.

Ein weiteres Brückenhaus steht auf der anderen Wasserseite (Am Rethövel 8). Das Haus von 1643 war immer Wirtshaus, jetzt ist es ein Sechs-Zimmer-Hotel. Die Zimmer heißen »Frau Anna«, »Friederica« oder »Jungfrau Lucia«. Namen von Walfangschiffen, die in Glückstadt gestartet sind.

Adresse Am Hafen 61, 25348 Glückstadt | **Anfahrt** von der A 23 (Ausfahrt Hohenfelde) über Süderau und Elskop Richtung Glückstadt, der B 431 folgen, links in die Steinburgstraße, rechts in Christian-IV.-Straße, im Kreisel 1. Ausfahrt, dann links | **Tipp** Auf der anderen Hafenseite stand die sogenannte Admiralität, das »königliche Majestätshaus«. Heute ist dort die Jugendherberge. Das Sandsteinportal von 1639 haben die Architekten erhalten können (Am Rethövel 14–15).

33 Die Docke
Gute Aussicht, schlechte Perspektive

Wer NDR hört, kann diese Verkehrsdurchsage singen: »An der Fähre Glückstadt-Wischhafen in beide Richtungen bis zu eine Stunde Wartezeit.« Auch anderthalb können es sein. Das lässt sich prima von der Aussichtspyramide auf der Docke aus verfolgen, ganz frei vom Staustress. 21 Stufen geht es hinauf, das ist hoch genug, um über den Deich zu schauen. Da sieht man sie, die Karawane aus Sattelschleppern, Autos und Wohnmobilen. Immer nur ein Stückchen geht es voran, wenn wieder eine der Fähren beladen wird. Im Hintergrund stampfen in der Fahrrinne der Elbe die dicken Pötte hinter der Insel Rhinplate vorbei.

Die Docke zwischen der Pyramide und dem Deich hat ihren Namen vom Dockhafen, der hier einmal gewesen ist. Einen Dockhafen kann man mit Toren schließen, das macht ihn unabhängig von der Tide. Der König von Dänemark hatte den Hafen im 17. Jahrhundert anlegen lassen. Als man ihn später nicht mehr brauchte, wurde er zugeschüttet. 100 Jahre hat eine Holzhandlung das Gelände genutzt, dann lag es brach. In bester Lage! Das durfte nicht sein. Engagierte Bürger, die Stadt und Landschaftsarchitekten haben sich viele Gedanken gemacht über die Nutzung des Areals. Haben einen »Themenpark Fisch« angelegt mit vielen Schautafeln, den »Spielplatz Heringsfang«, einen Skaterparcours, einen kleinen und einen großen Veranstaltungsplatz. Jahrmärkte, Fischmärkte und Konzerte – das wäre doch was. 1,7 Millionen Euro hat alles gekostet, zur Eröffnung kam der Minister und lobte, dass ein lebendiger Ort für Freizeit entstanden sei. Das ist noch nicht lange her.

Jetzt sieht die Docke verwahrlost aus. Veranstaltungen gibt es kaum. Abends kommen ein paar Jungs zum Bolzen. Aber auch nicht genug, als dass nicht das Unkraut zwischen den Platten einen halben Meter hoch schießen könnte. Auch Spuren von Vandalismus sind nicht zu übersehen. Die Docke ist das Sorgenkind der Stadt.

Adresse Am Hafen 53, 25348 Glückstadt | **Anfahrt** von der A23 (Ausfahrt Hohenfelde) über Süderau und Elskop Richtung Glückstadt, der B 431 folgen, links in die Steinburgstraße, rechts in Christian-IV.-Straße, im Kreisel 1. Ausfahrt, dann links bis zum Ende, rechts durch die Flutmauer | **Tipp** Auch hier Weitblick, dazu ein gutes Getränk: Das Bistro Pier 53 ist auf Stelzen gebaut (geöffnet Mo–Fr ab 15 Uhr, Sa, So ab 11 Uhr).

34 Die Flutmauer
Maritime Malerei und Graffiti

Christian Pentz, vor 400 Jahren Gouverneur der Festung Glückstadt, erließ für den Hafen knallharte Regeln: »Es soll niemand etwas Faules, Schmutz vom Ausfegen, Asche, Aas, Eingeweide von geschlachtetem Vieh, Heu, Stroh, Stücke von Dachpfannen, Steine oder Sonstiges aus den Schiffen und Häusern in den Hafen werfen. Bei Strafe von einem Reichstaler!« Drei Taler sollte es kosten, wenn jemand Feuerchen auf seinem Schiff machte oder »wenn ein Schiff im Hafen absäuft«, der Eigner es aber nach fünf Tagen immer noch nicht hatte bergen lassen. Heute werfen Skipper keine Eingeweide und Stücke von Dachpfannen mehr über Bord, der Hafenmeister ist vor allem an den Liegeplatzgebühren interessiert, »im Voraus und in bar«.

Das barsche Dekret des alten Befehlshabers ist auf der Flutmauer am Außenhafen kunstvoll dokumentiert. Die ganze Schutzwand, vier Meter hoch, ist ein Artefakt. Maler und Graffiti-Sprayer haben ein Konzept der Designerin Stephanie Ebel umgesetzt. Mal auf nacktem Beton, mal auf dem Stahl der Fluttore. Ein Motiv zeigt einen Wal in einem Aquarium. Ein Taucher zieht einen Badewannenstöpsel. Nur eine Spielerei? Es lässt sich auch so interpretieren, dass der Mensch dem größten Säugetier die Lebensgrundlage nimmt. Auf einem anderen Bild transportiert ein U-Boot einen Goldfisch in seinem Kugelglas. Das nächste zeigt einen überdimensionierten Setzkasten. Präparierte Fische sind darin ausgestellt. Ein Sextant, ein Fernrohr, ein Globus und auch eine Buddel Schnaps.

Die maritimen Motive nehmen augenzwinkernd Bezug auf die Zeit, als Glückstadt Heimathafen für Herings- und Walfänger war. Als Kapitän Erk Ketels mit dem stadteigenen Schiff »Der kleine Heinrich« in die Grönlandsee aufbrach, um Robben zu jagen. Heute gibt es keine Fischkutter mehr, aber Glückstädter Matjes sind eine regionale Spezialität. Es sind »jungfräuliche« Heringe, gefangen, bevor sie Rogen haben.

Adresse Am Hafen 53, 25348 Glückstadt | **Anfahrt** von der A 23 (Ausfahrt Hohenfelde) über Süderau und Elskop Richtung Glückstadt, der B 431 folgen, links in die Steinburgstraße, rechts in Christian-IV.-Straße, im Kreisel 1. Ausfahrt, dann links bis zum Ende | **Tipp** Auf der anderen Seite des Hafenbeckens verlädt Glückstadt Port Container und Massengüter. Schiffe bis 130 Meter Länge machen fest.

35_Der Lühesand
Große Freiheit

Man hat den Eindruck, dass Schiffbrüchige es sich hier bequem gemacht haben. Nur dass sie nicht in Pfahlbauten wohnen. Sie haben halb verwitterte und bessere Wohnwagen hinter Büsche und unter Bäume geschoben, Vorzelte aufgebaut und sich großzügig über den drei Kilometer langen und 500 Meter breiten Sandhaufen in der Elbe verteilt. Manche haben Zäune mit Gartentor um ihre Behausung gezogen, Terrassenplatten angeschleppt und maritimen Krimskrams, um es sich schön zu machen. Auf einem Camper steht »Inselbaron«. Daneben hat jemand die St.-Pauli-Fahne gehisst. Wer hier auf die Sportschau nicht verzichten will, braucht eine Schiffsbatterie, ein Windrad oder wenigstens zwei Quadratmeter Solarkraftwerk. Wasser kann man bei den Klos holen, gekocht wird mit Gas. Nur um einzukaufen, verlässt jemand den Lühesand. Bier gibt's im Inselgasthaus, das einzige feste Gebäude.

Bevor die Herbststürme kommen und das Hochwasser, wird alles weggeschafft. Die zerlegbaren Holzhütten werden ins Winterlager gepackt. Und im Frühjahr sind alle wieder da. Sie lassen sich von Fährmann Holger Blohm in seinem Boot übersetzen. Fünf Minuten dauert die Fahrt. Am Insel-Anleger sind Bollerwagen und Schubkarren fürs Gepäck geparkt. Die Wohnwagen schafft Blohm mit einer kleinen Autofähre hinüber. Autos sind auf Lühesand nicht erlaubt. Fahrräder auch nicht, man täte sich ohnehin schwer auf den Trampelpfaden.

Holger Blohm hat den Fährbetrieb und das Campinggelände von Vater Wilhelm übernommen und der von Großvater Heinrich. Ein paarmal am Tag pendelt der Fährmann zwischen der Wildnis Lühesand und dem aufgeräumten Festland, um Tagestouristen und Kurzcamper zu holen. Und natürlich seine Dauergäste, von denen einige seit über 60 Jahren die Hamburger Wohnung mit ihrem Insel-Provisorium tauschen. Sie wollen Ruhe, das Vogelgezwitscher, Schiffe gucken, haben geheime Angelplätze. Sie suchen die große Freiheit.

Adresse Lühesand, 21720 Grünendeich, Tel. 0178/3508137 (Fährbetrieb und Campingplatz) | **Anfahrt** von der A 7 (Ausfahrt Hamburg-Waltershof) Richtung Finkenwerder/Cranz und Hollern-Twielenfleth, nach Grünendeich rechts in die Straße Sandhörn, großer Parkplatz, über den Deich | **Öffnungszeiten** Ende März bis Anfang Okt., Fährbetrieb unter www.luehesand.de | **Tipp** Noch ein guter Platz zum Schiffegucken: der Wohnmobilstellplatz am Fährhaus Twielenfleth, nur einen Kilometer die Elbe abwärts (Am Deich 43).

GUDERHANDVIERTEL

36 Die Puurte
Prunkpforte des reichen Apfelbauern

Äpfel sind wertvoll. Zuallererst wissen das die Obstbauern zu schätzen, die die Früchte mit viel Können und Hingabe kultivieren. Manche sind darüber sehr vermögend geworden. Früher wollten sie das gerne auch zeigen. Von Kunsthandwerkern ließen sie sich stattliche Prunkpforten an die Hofeinfahrt stellen. Diese teils jahrhundertealten Baudenkmäler mit großer Symbolik sollten den Wohlstand repräsentieren. Ein gutes Dutzend Prunkpforten, auf Plattdeutsch Puurten genannt, sind erhalten geblieben. Die älteste aus dem Jahr 1619 steht im heutigen Hamburger Stadtteil Neuenfelde an der Stellmacherstraße.

Die hölzernen Pforten haben eine große Wagendurchfahrt. Starke, schräg stehende Balken stützen die tragenden Pfosten, ein mit Pfannen gedecktes Walmdach schützt das Balkengerüst. Im Rundbogen der Durchfahrt hängt eine große Traube als Sinnzeichen für Fruchtbarkeit, Wunsch und Hoffnung der Hofbewohner. Beidseitige Tierfratzen nehmen die Haltung drohender Torwächter ein. Ein kleiner Durchlass neben dem Tor dient als Personendurchgang. Schnitzwerk darüber stützt eine Reihe von Stäben. Die Puurten sind strahlend weiß gestrichen. Sinn- und Segenssprüche auf Latein, Namensmedaillons, die Traube und die Tiersymbole sowie die Profilierungen des Holzwerks sind bunt abgesetzt. Oft wurden sie von denselben Kunsthandwerkern geschaffen, die auch am Kirchenbau beteiligt waren.

Die Prunkpforte des Neßhofes, die heute zu einem Campingplatz führt, hat der damalige Hofbesitzer Claus Bey 1844 errichten lassen. Ab 1880 gehörte das Gut Jacob Pickenpack, der im selben Jahr geheiratet hatte. Sohn Hinrich hat die Puurte 1954 gründlich renoviert. Neben den üblichen Sprüchen »ora et labora« (bete und arbeite) sowie »respice finem« (bedenke das Ende) ist auf dem Rundbogen zu lesen: »haec porta clausa esto nulli honesti« (diese Pforte soll keinem Ehrenwerten verschlossen sein).

Adresse Neßstraße 32, 21720 Guderhandviertel | **Anfahrt** von der A7 (Ausfahrt Hamburg-Waltershof) Richtung Finkenwerder/Cranz, weiter nach Grünendeich, links in die Straße Huttfleth nach Steinkirchen, vom Alten Marktplatz vor der Brücke geradeaus in die Straße Bergfried, die Dollerner Straße überqueren, in die Neßstraße | **Tipp** Geradeaus nach Norden in die Straße Bergfried bis nach Steinkirchen: Eine mit Reet gedeckte Prunkpforte steht am Kirchweg 3 vor dem Gasthaus Windmüller.

HASELAU

37 — Die Hengststation
Große Erfolge mit dem weißen Saft

Gefrorenes ist auch nicht günstiger als Frisches. Wer glaubt, niedliche Fohlen entstehen, wenn Hengst und Stute verliebt über saftige Wiesen galoppieren und sich bei Sonnenuntergang mit Leidenschaft ans Fortpflanzen machen, ist Pferde-Romantiker. Die Zucht ist Geschäft. Tiefgefriersperma oder Frischsperma, das sind die Kategorien. In der Qualität besteht kein Unterschied, in jedem Fall injiziert der Tierarzt den Samen. Der Grundpreis für Frisches oder Gefrorenes ist gleich. Wenn's geklappt hat, kommt ein Aufschlag dazu.

Tiefkühlsperma nimmt man, wenn die Stute rossig, der gewünschte Vererber aber gerade bei Turnieren unterwegs ist. Der Natursprung ist selten, die künstliche Besamung wirtschaftlicher. Aus der kostbaren weißen Flüssigkeit, die einem geilen Gaul am sogenannten Phantom abgenommen wird, lassen sich zwölf Portionen machen. Bei natürlicher Paarung könnte ein Hengst am Tag höchstens drei Stuten decken.

In den Ställen des Klosters Uetersen (siehe Ort 95) hat im 14. Jahrhundert die Zucht des Holsteiner Pferdes begonnen. Erst als Reit- und Arbeitspferd. Dann hat man mit Vollblütern die Rasse veredelt. Ein typischer Holsteiner ist athletisch und großlinig, gilt als unkompliziert und nervenstark. Ideal für Turniere, den Springsport und die Dressur. Holsteiner haben olympisches Gold und Weltcup-Siege errungen. Herausragende Zuchthengste waren Ladykiller, Landgraf, Cor de la Bryère, Capitol, Carthago und Contender.

Der Ausnahmehengst Contender, nun im Pferdehimmel, war lange bei Otto Lienau und Gunnar Mohr in Haselau zu Hause. Gleich neben dem Gasthof Haselauer Landhaus steht die Hengststation von 1906, die älteste noch existierende in Schleswig-Holstein. Züchter aus dem In- und Ausland bringen ihre Pferde-Damen, um sie ganz unromantisch vom Veterinärmediziner besamen zu lassen. Übers Jahr kommen 400 Stuten. Die Post oder der Übernachtkurier bringen den kostbaren weißen Saft.

Adresse Dorfstraße 10, 25489 Haselau, Tel. 0172/4412036 und 04122/98710 | **Anfahrt** auf der B 431 über Holm Richtung Uetersen, in Heist links in die Hauptstraße und die Straße Heister Feld nach Haselau, in der Linkskurve rechts in die Dorfstraße | **Öffnungszeiten** Besichtigungen auf Anfrage, Haselauer Landhaus: Mo, Di und Do–So ab 12 Uhr | **Tipp** Hof Mühlenwurth ist einer der ältesten Bauernhöfe der Marsch. Landwirt Heiner Schuldt fand 2005 im Lehmfußboden der Diele 99 Silbermünzen aus der Zeit von 1546 bis 1626 (Hohenhorster Chaussee 58).

38 Die Bandreißerkate
Altes Handwerk soll nicht sterben

Wie eine zu schmale Holzbank sieht der Spaltblock aus. Rittlings setzt sich der Bandreißer darauf. Nimmt eine geschälte Weidenrute, spaltet mit einem Beil die Spitze auf. Er setzt diese an einen Metallkeil in der Mitte des Blocks und führt sie am Zapfen entlang. Vorsicht, dass das Holz nicht ausreißt! Nach wenigen Sekunden ist die Rute in zwei Bänder geteilt. Es duftet zitronig in der alten Werkstatt.

Bandreißer haben aus Weidengehölz und manchmal auch aus Haselnussästen Reifen (Bänder) gefertigt, um die Dauben von Holzfässern zusammenzuhalten. Böttcher waren ihre Auftraggeber. Weidenreifen brauchten sie vor allem für die Herstellung von Butterfässern. Eisenreifen waren ungeeignet, der Rost hätte das Streichfett verunreinigen können. Vor dem Deich haben die Bandreißer die Weiden selbst angebaut und nach drei Jahren geerntet. Im ersten Arbeitsgang wurden die Weidenruten auseinandergerissen, dann hat man den sogenannten Spleet gehobelt, gebogen und zum transportfähigen Bund zusammengelegt. Aufgabe der Frauen und Kinder war es, die Rinde der Weiden zu lösen, die Stöcke zu basten. Meistens um Pfingsten herum. 20 Pfennige gab's für jeden gebasteten Weidenstock. Dafür konnte man schon mal die Schule schwänzen. Es wurden deshalb offizielle Bastferien eingeführt und dafür die freien Wochen im Herbst gestrichen. Händler fuhren durch die Marsch, um die Bänder aufzukaufen.

Viele Familien in Haseldorf, Hetlingen und Scholenfleth haben von dem mühsamen Bandreißer-Handwerk gelebt. Dann kamen Plastikringe. Sie haben einem großen Teil der Dorfbevölkerung die Lebensgrundlage entzogen. Die Bandreißer, vorher selbstständig, mussten sich neue Arbeit suchen, oft als Tagelöhner. Von ein paar Aufträgen für Kranzbindereien konnten sie die Familien nicht ernähren. Das alte Handwerk ist ausgestorben. Liebhaber haben daraus ein Hobby gemacht und halten die Tradition am Leben.

Adresse Achtern Dörp 3, 25489 Haseldorf, Tel. 04122/81178 | **Anfahrt** von der B 431 in Holm nach Hetlingen und Haseldorf, über die Hauptstraße in die Straßen Deichreihe und Scholenfleth, links in die Straße Achtern Dörp, 1. Zufahrt links (keine Parkmöglichkeit) | **Öffnungszeiten** jeder 1. So im Monat 15–17 Uhr, Mai–Juni jeder So | **Tipp** An der Mehrzweckhalle Hetlingen erinnert ein Bandreißer-Relief an das alte Handwerk (Hauptstraße 65).

39 Die Binnenelbe
Nistplatz des deutschen Wappentiers

Der Adler ist der »König der Lüfte«. Interpretiert als Symbol von Erhabenheit, Lebenskraft, Weitblick und Mut. Der europäische Seeadler ist imposanter als der Steinadler in den Alpen. Um 20 Zentimeter übertrifft er dessen Flügelspannweite, zweieinhalb Meter sind es, wenn er die Schwingen streckt. Mehr schafft auch der nordamerikanische Weißkopfseeadler nicht. American Eagle first? Nix da! Und das sind keine Fake News. Der Weißkopfseeadler ist der Wappenvogel der Vereinigten Staaten und ihres Präsidenten. Wenn aber der Naturschutzbund (NABU) sagt, der Seeadler, der an der Binnenelbe brütet, sei das Vorbild für das deutsche Wappentier, so stimmt das nur bedingt. Denn »der Bundesadler ist keine bestimmte Adlerart«, sagt der Deutsche Bundestag. Der offizielle US-Adler ist eine naturbelassene, fast fotografische Darstellung. Der Bundesadler ist stilisiert. Für seine Gestaltung, die sich am Wappen der Weimarer Republik orientiert, ist eine Bekanntmachung des Bundespräsidenten Theodor Heuss von 1950 maßgeblich: »Das Bundeswappen zeigt auf goldgelbem Grund den einköpfigen schwarzen Adler, den Kopf nach rechts gewendet, die Flügel offen, aber mit geschlossenem Gefieder, Schnabel, Zunge und Fänge von roter Farbe.«

Vom Deich aus, der sich 16 Kilometer durch das Naturschutzgebiet »Haseldorfer Binnenelbe mit Elbvorland« zieht, kann man zwischen Kreuzdeich und Hohenhorst sowie über dem Schanzensand Seeadler ihre Kreise ziehen sehen. 1997 hat sich das erste Paar angesiedelt, erstmals 2014 war die Brut erfolgreich. »Seither haben wir zwei bis drei Jungvögel im Jahr«, sagt Schutzgebietsbetreuer Uwe Helbing.

Vor wenigen Jahrhunderten war die Haseldorfer Binnenelbe der Hauptstrom der Elbe. Aber der Fluss hat sein Bett verlegt. Neue Deiche haben den Lebensraum zusätzlich verändert. Er ist immer noch einzigartig und Knotenpunkt von internationaler Bedeutung für den afro-arktischen Vogelzug.

Adresse Hafen Haseldorf, 25489 Haseldorf | **Anfahrt** von der B 431 in Holm nach Hetlingen und Haseldorf, über die Hauptstraße in die Straßen Deichreihe und Scholenfleth, links in die Straße Achtern Dörp, links in die Hafenstraße, vom Hafen nach Norden oder Süden über den Deich | **Tipp** Mehr über Wachtelkönige, Kormorane und andere Vögel an der Binnenelbe gibt's im Naturzentrum Scholenfleth an der Hafenstraße (geöffnet April–Sept. jeden 2. Sonntag 11–16 Uhr).

HASELDORF

40 Die Reiher-Kolonie
200 Vögel brüten in der Eichenallee

Unbedingt ein Fernglas mitnehmen! Auf dem Deich, der das Schloss Haseldorf in einer Schleife umringt, noch ein paar Schritte nach rechts – das ist die beste Perspektive. Das Betreten der Allee uralter Eichen, in deren Wipfeln die Graureiher ihre Kolonie eingerichtet haben, ist zum Schutz der Raubvögel von Februar bis September streng verboten. Aber auch vom Deich aus lässt sich der Flugverkehr gut beobachten. Ständig landen Tiere, andere stoßen sich mit ihren Stelzen von den Horsten ab. Im Absprung ist der lange Hals mit dem gelborangefarbenen Pinzettenschnabel zunächst gestreckt, sofort wird er zurückgezogen bis zwischen die Schultern und s-förmig gekrümmt. Das ist typisch, so kann man den Reiher im Flug leicht vom Storch unterscheiden. Die Schwingen sind gräulich, das Gefieder am Bauch und am Hals ist weiß. Graureiher mit ihrer Spannweite von fast zwei Metern bewegen sich mit wenigen langsamen Flügelschlägen fort. Erhaben sieht das aus.

Die vielen Horste in der Allee sind aus Reisig gebaut. Zuletzt hat Uwe Helbing, Biologe beim Naturschutzbund, 110 Nistplätze gezählt. Fünf waren unbewohnt. Helbing klettert nicht auf die Bäume, um das zu prüfen. Er schaut nach Spuren von frischem Vogelkot auf Ästen, an der Eichenrinde und am Boden. Sucht hellblau-grüne Eierschalen. Vor 50 Jahren hat es hier nur zehn Brutpaare gegeben, vor 20 Jahren in 284 Horsten fast dreimal so viele wie heute. Der Biologe führt den Rückgang der Population darauf zurück, dass Marder und Waschbären in den Horsten wildern. Man kann auch beobachten, wie Reiher Krähen abwehren.

Ursprünglich hatte die Kolonie in einem Fichtenbestand im Schlosspark ihr Quartier. Besucher haben die Reiher vergrämt, in der Eichenallee haben sie neu gebaut. Das Schloss, eigentlich ein Herrenhaus, ist nicht zugänglich. Den Park lässt die Prinzenfamilie von Schoenaich-Carolath-Schilden für die Öffentlichkeit geöffnet.

Adresse Hauptstraße 26, 25489 Haseldorf, Tel. Elbmarschenhaus 04129/9554910 | **Anfahrt** von der B 431 in Holm nach Hetlingen und Haseldorf, bis zur Hauptstraße, beim Elbmarschenhaus parken, zu Fuß in den Schlossweg, nächster Weg links bis zum Deich | **Öffnungszeiten** Elbmarschenhaus So 10–16 Uhr | **Tipp** Beim Kirchlein Sankt Gabriel im Park liegt das Grab des Dichterprinzen Emil von Schoenaich-Carolath-Schilden (1852–1908). Er war mit Rainer Maria Rilke befreundet.

HASENMOOR

41 Die Werner-Rennstrecke
Duell im Moin-Land: Brösel ledert Holgi ab

Die Kurven eines Krähen-Schwarms sind die aufregendsten Flugbewegungen über Hartenholm. Im Hangar warten Kleinflugzeuge. Wochenends trainieren Fallschirmspringer. Aber die »Fliegerstaffel Küste« des Grenzschutzes und die Rettungsflugwacht sind lange abgezogen. Die ausrangierte Lockheed-Constellation der Lufthansa, die als Flugplatz-Café Publikumsmagnet war, ist vor 40 Jahren ausgebrannt. Schmuggel von Nuklearmaterial von hier nach Teheran war Ende des vergangenen Jahrhunderts international Thema, wurde aber nie bewiesen. Der kleine Tower auf einem Baucontainer rostet vor sich hin, die 500-Meter-Asphaltpiste liegt im Tiefschlaf. Nichts kesselt mehr. Werner, wat nu?

Zweimal hat der großnasige Comic-Anarchist das Gelände gerockt. Hunderttausende Fans norddeutschen Flachsinns haben sich mit viel Bölkstoff warmgelötet und den kultigen Blödel-Proleten gefeiert. Rötger Feldmann, dessen Zeichner und besser als Brösel bekannt, hatte mit Holgi Henze, Kneipenwirt und Brösels Entdecker, gewettet. Wer ist schneller? Holgi in seinem roten Porsche 911 oder Brösel auf dem Eigenbau-Motorrad mit vier Horex-Motoren, dem Red Porsche Killer? 1988 der erste Start. Holgi gewinnt vor Brösel. Der Dorf-Chronist notierte: »Es war ein Überfall der Massen. Viele erledigten ihre Notdurft in Gärten. Zäune wurden abgebrochen und verbrannt. Ein Bild der Verwüstung. Ausgebrannte Autos. Nie wieder ein Werner-Rennen in unserer Gegend!«

30 Jahre später am selben Ort die beinharte Revanche, »der größte Knaller seit Ben Hur«. Nach vier Tagen Festival treten die Werner-Gladiatoren im Rentenalter an. 200 Meter! Nur 10,08 Sekunden! Diesmal ledert Brösel Freund Holgi ab! Die Neuinszenierung von rustikalem Vergnügen und Rausch im Moin-Land geht gesittet über die Bühne. Werner würde fragen: »War das jetzt goil oder war das jetzt goil?« In Corona-Zeiten hat man das Gelände für Strandkorb-Konzerte genutzt.

Adresse Dorfstraße 4/Flugplatz Hartenholm, 24640 Hasenmoor, Tel. 04195/99790 | **Anfahrt** von der A7 (Ausfahrt Bad Bramstedt) auf der B 206 Richtung Bad Segeberg, nach sieben Kilometern auf der linken Seite | **Tipp** Daraus kann man auch gut Witzgesichter schnitzen: Landwirt Timm Schümann türmt seine Kürbisse zehn Etagen hoch übereinander (Dorfstraße 19, Saison Sept.–Okt.).

HASLOH

42 Kilometer 138,3
Notlandung auf der Autobahn: 99 überlebten

Der Aufprall hat ihr die Schuhe von den Füßen gerissen. Die Copilotin hängt noch angeschnallt in ihrem Sitz, das Cockpit des Urlaubsfliegers ist von der Kabine abgetrennt. Ein Retter versucht, Elisabeth Friske zu bergen. Aber sie wehrt sich. Ohne die Schuhe, die sie in Ägypten gekauft hat, werde sie das Flugzeug bestimmt nicht verlassen. Elisabeth Friske hat für den Augenblick den Verstand verloren. Um sie und die Helfer herum tobt ein Flammeninferno, aber sie geht die Checkliste der zweistrahligen BAC One-Eleven durch. Zwei Ohrfeigen. Dann gelingt es dem Feuerwehrmann, Elisabeth Friske aus dem Wrack zu ziehen.

Hamburg-Fuhlsbüttel, 6. September 1971, Flug 112. Um 18.19 Uhr startet die Chartermaschine der Fluggesellschaft Paninternational von Startbahn 33, Ziel Malta. Nur 60 Sekunden später explodiert in 250 Meter Höhe das linke Triebwerk, kurz darauf fängt das rechte Feuer. Mayday! Mayday! Kapitän Reinhold Hüls sieht nur eine Chance. Er muss das voll besetzte Flugzeug auf der A 7 von Hamburg nach Flensburg notlanden, die erst seit zwei Monaten bis Kaltenkirchen ausgebaut ist. Mitten im Berufsverkehr? In der anderen Fahrtrichtung ist die Strecke frei. 42 Sekunden später setzt die Maschine auf. Ein mutiges Manöver, eine fliegerische Meisterleistung. Aber der Bremsweg ist kurz. Der Jet schlittert bei Kilometer 138,3 gegen Brückenpfeiler, zerbricht in zwei Teile, Cockpit und Rumpf zerreißen, die voll betankten Tragflächen stehen sofort in Flammen. 22 Menschen kommen ums Leben. 99 anderen rettet Reinhold Hüls das Leben.

Auch Elisabeth Friske. Sie stirbt 1987. Eine Cessna Citation soll den schleswig-holsteinischen Ministerpräsidenten Uwe Barschel nach einem Treffen mit Kanzler Helmut Kohl von Bonn nach Lübeck bringen. Wieder ist Friske Copilotin. Die Maschine zerschellt bei der Landung. Die Crew und Barschels Bodyguard sind tot. Barschel überlebt den Absturz.

Adresse Bundesautobahn A 7, 25474 Hasloh | **Anfahrt** zur Brücke: von der A 7 (Ausfahrt Hamburg-Schnelsen) über die B 447 zur B 4 Richtung Quickborn, vor dem Ortsende Hasloh rechts in die Kirschenallee, immer geradeaus | **Tipp** Folgt man der B 4 Richtung Norden, liegt rechts der Elsensee, links der Reiterhof Gut Elsensee. Trabrennsport-Legende Hänschen Frömming (5.592 Rennsiege) hat hier auf dem 800-Meter-Oval seine schnellen Traber trainiert.

HEIDMÜHLEN

43 _ Die Störche-WG
Nachwuchspflege und Krankenstation

Wenn Kleinkinder fragen, woher die Babys kommen, dann haben Eltern den Salat. Die alte Klamotte vom Klapperstorch aufwärmen? Sie hat ihren Ursprung in alter Mythologie, nach der im Wasser, das zum Lebensraum der Störche gehört, auch die Seelen der Kinder wohnten. Dass ein Rotkehlchen das Bündel schleppt, wäre noch weniger glaubwürdig. Auch die Gute-Nacht-Story, die in den USA den Kleinen vorgetragen wird, ist keine überzeugende Alternative: Darin wird erzählt, dass Kinder im Garten als Kohlköpfe wachsen. Irgendwann gehen die Eltern ins Beet und pflücken sich ihr Lieblingskind. Mit dieser Sage muss auch Spielzeugerfinder Xavier Roberts groß geworden sein, der in den 1970er Jahren die Cabbage Patch Kids auf den Markt warf – supersofte Plastikpuppen, die mit runden Gesichtern aus Kohlkopfblättern schauen. Wegen der Puppen kam es in Spielzeugläden zu Tumulten.

Im Mittelalter war die Redewendung von »des Mannes Storch« eine gern gebrauchte Bezeichnung des Penis. Und wenn der Storch die Frau ins Bein biss, galt das als Synonym für den Akt. Tatsächlich zwickt der Storchenmann die Storchenfrau schon mal beim Sex. Es geht durchaus ruppig zu. Kurz, aber heftig. Und das gleich mehrfach täglich in der Paarungszeit. In der Störche-WG im Naturerlebnispark Eekholt lässt sich das gut studieren. Auf hohen Nistplätzen nebeneinander geben die Weißstörche alles zum Erhalt ihrer Art. Ein Kraftakt. Aber was weiß man schon davon, wenn Vögel vögeln.

Frei fliegende Paare leben hier, die zuverlässig jedes Jahr aus dem Winterquartier in Afrika kommen. Die alten Nester werden gleich geflickt, dann geht's los. Drei bis vier Eier, das ist der Durchschnitt. Gehege-Störche gibt es auch. Der Park ist Pflegestation für verletzte Störche aus ganz Schleswig-Holstein. Oft sind es Jungtiere, die einen Flugunfall hatten. Die Hälfte kann wieder ausgewildert werden.

Adresse Stellbrooker Weg, 24598 Heidmühlen, Tel. 04327/99230 | **Anfahrt** von der A 7 (Ausfahrt Bad Bramstedt) auf der B 206 Richtung Bad Segeberg, nach 7 Kilometern scharf links über Weider Weg und Weider Damm, rechts in die Straße Eekholt (ausgeschildert) | **Öffnungszeiten** März–Okt. Mo–So 9–18 Uhr, Nov.–Feb. Mo–So 10–16 Uhr | **Tipp** Durch den Wildpark fließt die Osterau, in östliche Richtung mäandert sie stark. Ein Wanderweg ist ausgeschildert. Wer Glück hat, sieht Biber.

44 Die Alsterquelle
Am Anfang eine schmutzige Pfütze

Der Opulenz-Tempel Alsterhaus. Das schicke Hotel Vier Jahreszeiten. Die Gestaltungssatzung schreibt vor, dass auch die anderen Gebäude mit Kupfer gedeckt sein müssen, weil sich der Grünspan gut abhebt von den strahlend weißen Fassaden. Zu Füßen der Jungfernstieg. Der Anleger der Alsterdampfer. Der Alsterpavillon. Man sieht sich! Und in der Mitte der Binnenalster schießt die Fontäne 60 Meter in die Höhe. Hier ist Hamburg ganz bei sich. Auf der anderen Seite von Lombards- und Kennedy-Brücke die Außenalster. Udo Lindenbergs Wohnzimmer im Hotel Atlantic, gegenüber die Konsulate der USA und Brasiliens. Kanuten im Training. Jogger auf den Uferwegen. Herausgeputzte Patrizierhäuser. So schön! Wie muss es erst an der Quelle der Alster sein, wo diese Pracht ihren Ursprung hat!?

Dann das: Der Bronn ist ein Dreckloch. Das Majestätische des Alstersees beginnt in einer schmutzigen Pfütze. Wäre die Lache nicht mit Granitsteinen hufeisenförmig ummauert, würde man achtlos vorübergehen. Vier Stufen führen hinab auf ein Plateau vor der Pfütze. Nichts sprudelt am Quelltopf. Das Wasser scheint zu stehen. Nur wer das faulige Laub darin mit einem Stock zur Seite schiebt, kann am Grund ein bronzenes Ziergitter erkennen. Der Künstler Volker Meier hat es gestaltet. Die Platte zeigt eine barbusige Nixe in Wellen und die Burg aus dem Wappen Hamburgs. Dazu die Inschrift: »Quellgrund der Alster«.

Die Alster speist sich aus den Sümpfen des Henstedter Moors. Erst später wird sie durch Zuflüsse Rinnsal, dann Bach. Sie fließt erst nach Norden und dreht dann nach Osten, bevor sie die Kurve kriegt und Richtung Süden driftet. Nun ein Flüsschen, das verspielte Schleifen zieht. Nach 56 Kilometern ergießt sich der Fluss in die Elbe. Der Schriftsteller Detlev von Liliencron (1844–1909), bedeutender Lyriker seiner Zeit, hat allen in Hamburg Geborenen geraten, einmal im Leben zur »heiligen Quelle« zu gehen.

Adresse Quellenweg, 24558 Henstedt-Ulzburg | **Anfahrt** von der A7 (Ausfahrt Quickborn) in die Friedrichsgaber Straße, Kohtla-Järve-Straße und Schleswig-Holstein-Straße, links in die Norderstedter Straße, scharf rechts in die Straße An der Alsterquelle, links in den Quellenweg (Fußweg zur Quelle ausgeschildert) | **Tipp** Wanderwege führen durch die Oberalsterniederung und das Schlappenmoor.

45 Die Hetlinger Schanze
Sandstrand und die höchsten Strommasten Europas

Filmemacher und Fotografen aus Hamburg kommen gerne hierher. Der naturbelassene Strand ist ideale Kulisse für ein Musikvideo oder ein Klamotten-Shooting. Helfer sperren dann einen Teil des Ufers, damit kein Fußabdruck den noch unberührten, feinen Sand verunziert. Man hat genügend Schampus dabei, und nach ein paar Stunden im warmen Nachmittagslicht ist die Szene im Kasten. Nacktbader mögen dieses nicht offizielle FKK-Gelände auch. Sich sonnen ist okay. Baden verboten. Lebensgefahr! Das Wasser mag sauber sein, aber die Elbe ist ein reißender Strom. Bei ablaufendem Wasser 14 Meter in der Sekunde schnell. Da kommt kein Schwimmer gegen an.

Vom Bauernhof geht's durch Weiden hinauf zum Deich. Jetzt rechts und durch das kleine Tor. Nicht vergessen, das Gatter wieder zu verschließen! Damit die Deichschweine, wie sie die Schafe nennen, nicht entkommen können. Nun links hinunter durchs Gebüsch. Nach drei Minuten öffnet sich der Urwald. Der Strand, der vor einem liegt, könnte ein karibischer sein. Oder, je nach Jahreszeit, einer auf Rügen. 200 Meter breit, kein Ende in Sicht. Eine Brise streicht über den Hafer und die Wildrose Canina. Wer sich auf den Rücken legt und ganz viel Glück hat, kann sehen, wie über ihm der Seeadler kreist. Und wer sich auf einen der angeschwemmten Baumstämme setzt, weiß, er hockt auf historischem Boden. Um 1650 spülte das Elbwasser eine Insel vor Hetlingen auf, die später bewohnbar wurde. Als die Schweden das Land überfielen, ließ der dänische König auf dem Eiland ein Bollwerk errichten mit hohen Wällen und vielen Kanonen. Die Schanze.

Davon ist nichts mehr zu finden. Unübersehbar sind aber die Strommasten der sogenannten Elbekreuzung eins und zwei. 227 Meter hoch, 1.200 Meter voneinander entfernt. Sie tragen Kabel, die tief durchhängen, den Schiffen aber eine Durchfahrtshöhe von 75 Metern erlauben. Es sind die höchsten Masten Europas.

Adresse Hetlinger Schanze, 25491 Hetlingen | Anfahrt von der B 431 in Holm Richtung Hetlingen, von der Hauptstraße links in die Schulstraße, halb rechts in die Straße Am Heuhafen, rechts in die Hetlinger Schanze, an der Kläranlage vorbei bis zum Bauernhof, auf dem Seitenstreifen parken | Tipp Den Picknick-Korb mitnehmen! Das Bauernhof-Café bietet Samstag und Sonntag von 13 bis 18 Uhr selbst gebackene Kuchen.

HETLINGEN

46 Der Juelssand
Oma Eilers war die letzte Leuchtturmwärterin

Von Kapitänen, die Hamburg zum ersten Mal anlaufen, werden Elblotsen oft gefragt, ob das eine Kirche sei da vorne links. Direkt am Ufer. Tatsächlich, aus der Ferne kann man den weißen 16-Meter-Turm mit schwarzem Kegeldach und angrenzendem Wohnhaus durchaus für eine Kapelle halten. Er steht an der Einfahrt ins Dwarsloch, das zum Haseldorfer Hafen führt. »Vorsichtig rundet das Schiffchen die weiße Burg mit dem trutzigen Türmchen, und plötzlich ist aller Sturmgebraus und Wogenprall wie weggeblasen«, hat ein Heimatdichter geschrieben, nachdem er bei offenbar heftigem Wind den Leuchtturm passierte, um dahinter Schutz zu finden. Seit 1896 steht der Turm an der Westspitze des Juelssands. Für Hamburger Landschaftsmaler ist das markante Gebäude, eine Art Außenposten im Niemandsland, ein gerne genommenes Motiv.

Der Juelssand war eine Insel. Durch angeschwemmte Sedimente und Veränderungen des Flussbettes ist sie mit dem Festland verwachsen. Anfangs wurde das Leuchtfeuer mit Petroleum betrieben, dann mit Flüssiggas, erst ab 1965 gab's Strom. Die letzte Leuchtturmwärterin war Oma Eilers. Enkel Hans-Joachim Selle, der mit den Großeltern Anna und Andreas Eilers auf dem Turm lebte, erinnert sich: daran, dass er als Grundschüler sechs Priele überqueren musste und drei Stunden Schulweg hatte. Dass einmal im Jahr ein Schiff die Kohlen brachte. An den Hühnerstall, die Johannisbeeren im Garten und das Plumpsklo. Bei der Sturmflut 1962 floh die Familie ins Obergeschoss. 1967 verließ sie den Leuchtturm, der jetzt automatisiert war.

Der Leuchtturm ist zu Fuß nicht zu erreichen, die Natur rundherum hat Vorrang. Die Bundesanstalt für Immobilienaufgaben wollte ihn loswerden, da das Feuer abgeschaltet ist. Die Bürgermeisterin von Hetlingen, auf dessen Grund der Turm steht, plante, einen Hochzeitsturm daraus zu machen. Aber die Gemeinde zog nicht mit. Bei einer Versteigerung gab ein Hamburger das höchste Gebot ab.

Adresse Juelssand, 25491 Hetlingen | **Anfahrt** von der B 431 in Holm nach Hetlingen und Haseldorf, über die Hauptstraße in die Straßen Deichreihe und Scholenfleth, links in die Straße Achtern Dörp, links in die Hafenstraße bis zum Hafen | **Öffnungszeiten** vom Wasser und vom Deich aus zu sehen, zwei Kilometer südlich des Haseldorfer Hafens | **Tipp** Vom Hafenparkplatz über den Deich, links und rechts zum Obstgarten (ausgeschildert): Hier stehen 500 Bäume, 183 alte Sorten.

HITTFELD

47 Der bunte Bahnhof
Farbenfrohe Galerie ersetzt geflieste Tristesse

Eines der Bilder haben die Männer des Polizeipostens Seevetal gemalt. Es zeigt einen Wachtmeister mit Megafon, wie aus der Simpsons-Serie entsprungen. In einer Sprechblase steht: »Gehen Sie bitte weiter, es gibt hier nichts zu sehen!« Bloß nicht der Aufforderung des Sheriffs folgen! Hier gibt es sehr vieles anzuschauen. Kinder haben ihre Schule gemalt, den Bahnhof, die Bücherei. Die örtlichen Bogenschützen inszenieren sich mit einer Szene im Wald. Die Neffen von Donald Duck sind da und Tangotänzer. Andere Künstler haben berühmte Vorlagen imitiert, die Kopie des »Liebespaars« des Expressionisten Otto Müller ist äußerst gelungen.

An der Station Hittfeld ist es nicht anders gewesen als auf vielen anderen Vorortbahnhöfen. Eintönig gefliest, verdreckt, verpisst. Schmierereien, welche die Deutsche Bahn beseitigte, waren am nächsten Morgen in anderer Form wieder da. Immer aufs Neue war der Bahnhof Ziel von Zerstörungswut. Fahrgäste haben sich im Dunkeln nicht mehr die Treppe hinuntergetraut, um das Gleis zu erreichen. Das hat sich nachhaltig geändert.

Alle haben mitgemacht beim Projekt »Bunter Bahnhof«. Kindertagesstätten und Schulen. Der Fußballclub und der Heimatverein. Feuerwehrleute, Senioren und Behinderte. Der Pfarrer. 1.200 kleine und große Künstler waren am Werk. Sie haben ausrangierte Autobahnschilder und Aluminiumplatten farbenfroh bemalt. 450 Bilder sind entstanden, zu ihrem Schutz wurden sie versiegelt. Nun hängen sie verschraubt an den Wänden und verdecken die schäbigen Fliesen.

Die Künstler haben den Bahnhof nicht nur verschönert. Das Konzept ist aufgegangen: Wilde Graffiti gibt es nun kaum noch in Hittfeld. Die Sprayer scheuen sich, die Arbeit Gleichaltriger zu zerstören. Auch die Nachbarbahnhöfe Maschen (Hörstener Straße) und Meckelfeld (Rehmendamm) sind jetzt bunt. Immer wieder kommen Bilder dazu. Aber es wurden auch schon welche gestohlen.

Adresse Gustav-Becker-Straße 9, 21218 Seevetal-Hittfeld | **Anfahrt** von der A7 (Ausfahrt Fleestedt) auf der Hittfelder Landstraße Richtung Süden, rechts in die Straße Am Bahnhof, rechts in die Gustav-Becker-Straße | **Tipp** Das historische Bahnhofsgebäude aus dem Jahr 1871 ist heute Privathaus mit Wohnungen und Büros.

HOLLERN-TWIELENFLETH

48 Die Kaffeeklappe
Durchatmen an der schwankenden Imbissbude

»Gleich wird's stürmisch!«, warnt Ralf Exner. Also besser das Flens festhalten, nicht an der Kaffeetasse schlürfen und das heiße Würstchen nicht gerade jetzt in den Mund schieben. Zwar ist der Riesenfrachter der China Shipping Lines mit Platz für 19.000 Container mit Abstand in Richtung Elbmündung vorbeigezogen. Aber wenn der Schwell, der durch die Wasserverdrängung des 400-Meter-Schiffes entsteht, gegen Exners schwimmenden Anleger klatscht, kommt der Ponton doch ins Wanken. Nicht umsonst hat der Wirt die Schiffsmodelle im Regal, den Leuchtturm, den bärtigen Matrosen und anderen Küstenkitsch festgeklebt. Und deshalb gibt es auch nur Becher für Bier und Wein. Eine Minute dauert das amüsante Schaukelabenteuer. Dann ist der Imbiss wieder ruhige Idylle. Entschleunigung. Möwen fliegen schreiend über ihn hinweg. Die Gäste legen den Kopf in den Nacken und genießen die Sonne. Schauen hinüber nach Juelssand (siehe Ort 46) am anderen Elbufer oder suchen den Horizont nach dem nächsten Dickschiff ab. Beständig knattert die blaue »Moin! Moin!«-Fahne mit Seehund-Maskottchen im Wind.

Früher war der Kiosk auf dem Ponton ein Fahrkartenhäuschen, als von hier aus noch Fährverkehr nach Hamburg betrieben wurde. Kaffeeklappen hießen umgangssprachlich die sogenannten Volkskaffeehallen im dortigen Freihafen, in denen kein Bier und kein Schnaps ausgeschenkt wurden. Unternehmer hatten sie im 19. Jahrhundert für die Hafen- und Werftarbeiter eingerichtet. Man hatte erfahren, das Getränk fördere die Konzentration und Leistungsfähigkeit.

Ralf Exners Kaffeeklappe ist für ihn selbst »eine Oase der Entspannung«. Auch wenn sie viel Arbeit macht, weil alles über den Deich und den schmalen Steg geschleppt werden muss. Die Bierkästen, die er im Bauch des Schwimmkörpers verstaut. Die schweren Kanister mit Frischwasser. Die Hausmacherkuchen backen seine Frau Andrea, die Mutter und ein Freund.

Adresse Am Deich, 21723 Hollern-Twielenfleth | **Anfahrt** von der A 7 (Ausfahrt Hamburg-Waltershof) Richtung Finkenwerder/Cranz und bis Hollern-Twielenfleth, rechts in die Twielenflether Chaussee, bis zum Deich | **Öffnungszeiten** April–Okt. Mo–Sa ab 14 Uhr, So ab 11 Uhr | **Tipp** Auf gleicher Höhe hat früher der kleine weiße Leuchtturm gestanden, der jetzt auf der anderen Seite des Deiches als Denkmal seinen Platz hat (geöffnet auf Anfrage, Tel. 04141/792061).

49 Die Sandberge
Dünenlandschaft im Urstromtal der Elbe

Auch für jemanden, der auf der Höhe des Meeresspiegels lebt, ist eine Wanderung auf 21 Meter noch kein Gipfelsturm. Insofern ist es keck, wenn die Holmer von ihren Sandbergen sprechen, wenn sie die Dünen meinen. Aber stolz sind die Menschen ja zu Recht! Im Naturschutzgebiet Wedeler Au im Osten der Ortschaft liegt das größte Binnendünengebiet Schleswig-Holsteins. Ein ganz ungewöhnliches Landschaftsbild so dicht an der Grenze zu Hamburg. Großflächige, offene Sanddünen mit Bauminseln aus bizarr wachsenden Kiefern. Charaktere, die Geschichten erzählen. Sie wechseln mit Birkenwäldchen und Kratt-Eichen im hügeligen Gelände ab. Silbergras, Sandglöckchen, Sand-Egge und Besenheide haben sich breitgemacht. Im Herbst leuchtet orangenes Pfeifengras. Gelegentlich helfen Schafe und südafrikanische Burenziegen bei der Landschaftspflege.

Die Sandberge im Urstromtal der Elbe, die damals viel breiter war, sind nach der letzten Eiszeit entstanden. Stetiger Wind blies den Sand aus dem Elbtal parallel zum Fluss an Land. Noch Anfang des 20. Jahrhunderts klagten die Bauern über den Flugsand auf ihren Äckern. Bei starkem Ostwind konnten die Holmer den Sand in Eimern aus dem Garten tragen. Bis man begann, die Landschaft vor allem mit Kiefern aufzuforsten. Schnell wuchs ein dichter Wald, überwucherte das Ursprüngliche. Ab 2005 hat man drei große Flächen gerodet, die Humusschicht abgetragen und die Dünen freigelegt.

Die drei größten liegen nördlich des Katastrophenweges. Über Wildpfade sind sie gut zu erreichen. Der Weg verdankt seinen Namen der Tatsache, dass es einer Katastrophe gleichkam, wenn es in der trockenen Kiefernmonokultur einmal brannte. Die Feuerwehren mussten diesen Weg nehmen, um den Löschteich zu erreichen. Heute ist er Badesee und Rastplatz. Der Wald wird langfristig umgebaut. Laubgehölze ersetzen immer mehr Kiefern. Ein Mischwald mindert die Feuergefahr.

Adresse Katastrophenweg, 25488 Holm | **Anfahrt** von der B 431 in die Straße Im Sande, rechts in die Straße Am Meierhof, links in die Straße Am Sportzentrum, rechts parken | **Tipp** In der Verlängerung führt der Katastrophenweg nach Süden über Abschnitte des alten Ochsenweges. Auf dieser Trasse wurden jährlich 24.000 Tiere nach Wedel getrieben und über die Elbe gesetzt.

50 Die Skuld
Starke Frauen hat das Land

Immer die Kerle! Immer stehen Männer im Weg! Vorzugsweise auf öffentlichen Plätzen und an Boulevards. Gerne auf einem hohen Sockel. Hunderte Bismarck-Denkmäler gibt es in Deutschland. Der Reichskanzler liegt vor Kaiser Wilhelm, der meist von einem kraftstrotzenden Pferd auf die Untertanen schaut. Auch der gelassene wie ungeduldige und überlebensgroße Willy Brandt fällt einem sofort ein, obwohl ihn die Sozialdemokratie links neben den gläsernen Aufzugszylinder in der Lobby ihrer Berliner Zentrale gedrängt hat. Wie ist es mit den Damen? Bestenfalls kommt einem die barock interpretierte Bavaria oberhalb der Münchner Theresienwiese in den Sinn.

In Horneburg haben die Ratsfrauen und -herren eine Frau in den Vordergrund geschoben. »Skuld – Norne der Zukunft« nennt der Bildhauer Carsten Eggers seine Schicksalsgöttin aus der nordischen Mythologie. Sie ist als Hüterin göttlicher Gerechtigkeit bekannt, die das menschliche Verstehen übersteigt. Als unberechenbare Macht, die nachts durch Wälder streift und von der die Menschen sich Weissagungen erhoffen. Die Eggers-Skuld hat die Augen geschlossen, die Haare streng nach hinten gekämmt. Sie ist in der Hocke und wie auf dem Sprung – man ahnt, welch Muskelkater die junge Frau aus Itzehoe geplagt haben muss, die für den Künstler Modell war.

Die Skuld steht für viele engagierte Frauen und für zwei ganz besonders: Für Olga Marie Katharina Bär (1908–1994). Als Hebamme hat »Schwester Käthe« bis zu ihrem 71. Lebensjahr über 5.000 Menschen in Horneburg und Umgebung ins Leben geholfen. Und für Katharina Lütje (1898–1980). Sie war 38 Jahre Totenfrau, stand den Sterbenden in ihren letzten Stunden bei und danach den Familien.

Die Skuld hat ein Stundenglas in der Hand, das Beginn und Ende des Lebens symbolisiert. Aber Carsten Eggers lässt den Sand nicht rinnen. Er sagt: »Es ist ja noch nichts entschieden. Die Zukunft ist völlig offen.«

Adresse Ecke Im Großen Sande/Lange Straße, 21640 Horneburg | **Anfahrt** von der A 7 (Ausfahrt Hamburg-Heimfeld) auf der B 73 nach Horneburg, rechts in die Issendorfer Straße bis zum Auedamm, links, auf der rechten Seite | **Tipp** Natürlich hat auch Horneburg seinen Kerl: Wer die Lange Straße entlanggeht und rechts in den Burggraben, findet am nächsten Straßeneck den Isern Hinnerk mit Streitaxt und Harnisch. Als Raubritter ist er bekannt geworden.

51 Der Kunsttempel
Im Refugium des Johann Michael Bossard

Fratzen, götzenhafte Figuren, gefangen in roten Ziegeln, starren von der äußeren Tempelwand. Mit Hunderten Baukeramiken ist das kathedralengleiche Sieben-Gauben-Gebäude geschmückt. Drinnen dringt fahles Licht durch die bemalte Glasdecke auf den Mosaikboden und den Tempelzyklus. Im hochgiebeligen Atelierhaus neben dem Tempel irritiert eine Orgie nordischer Mythen und mittelalterlicher Sagen. Jede Wand, jede Tür ist bemalt. Umgeben sind Atelier und Kunsttempel von einem Ensemble aus Steinmetzarbeiten, Landschaftsgarten, Gemüse- und Klostergarten. Ulrich Greiner, kritischer Kulturreporter und Präsident der Freien Akademie der Künste in Hamburg, schrieb in der ZEIT über die Kunststätte Bossard: »Tatsächlich ist sie ein Gesamtkunstwerk, eines der abstrusesten und zugleich schönsten, der verwegensten und zugleich rührendsten, die man je gesehen hat.«

Der Schweizer Johann Michael Bossard, seit einer Scharlacherkrankung als Kind auf einem Auge blind, war Bildhauer und Professor an der Kunstgewerbeschule in Hamburg. Die Uhr an der Börse dort ist eines seiner Werke, was kaum ein Hamburger weiß. Durch öffentliche Aufträge und Mäzene gelangte Bossard (1874–1950) zu Geld und konnte so ein 30.000-Quadratmeter-Grundstück in der Nordheide kaufen, das er beim Spaziergang entdeckte. Hier wollte er seinen Lebenstraum verwirklichen, »den sehnsüchtigen jungen Menschen der Großstadt eine schönheitliche Quelle, eine Stätte innerer Einkehr errichten«. 40 Jahre haben er und seine Frau Jutta, 29 Jahre jünger, ehemals seine Studentin, daran gearbeitet.

Kunstexperten entdecken im Gesamtwerk Elemente des idealisierenden Jugendstils, des Symbolismus und des Expressionismus. Birk Grüling schreibt in der taz: »Für den Besuch der Kunststätte sind solche kunsthistorischen Einordnungen zum Glück nicht notwendig. Besucher können einfach wandern durch diesen surrealen Ort.«

Adresse Bossardweg 95, 21266 Jesteburg, Tel. 04183/5112 | **Anfahrt** von der A 7 (Ausfahrt Seevetal/Ramelsloh) nach Harmstorf und Jesteburg, weiter nach Lüllau, nach der Linkskurve links in den Bossardweg (Schotterpiste) | **Öffnungszeiten** März–Okt. Di–So 11–18 Uhr, Nov.–Dez. Di–So 11–16 Uhr | **Tipp** Wirken lassen! Am besten im Museumscafé im ehemaligen Wirtschaftshaus (geöffnet März–April und Okt. Sa, So 13–17 Uhr, Mai–Sept. Di–So 13–17 Uhr).

52 Die Apfelkiste
Geschichte(n) genießen

Vielleicht nimmt man sich ein Stück Apfelkuchen mit. In Ausnahmefällen einen Apfelschnaps. Auf jeden Fall einen Apfel. Bitte Platz nehmen! Die Apfelerntekisten sind aus groben Brettern gezimmert und muten so, wie sie aufgestellt sind, wie ein Strandkorb an. Zwei Personen haben locker Platz. Sieben solcher Kisten sind über das Alte Land verteilt. Auf dem Harmshof, seit 500 Jahren in Familienbesitz, dokumentieren Fotos an den Innenwänden der Kiste die Historie der Region. Die Stimme, die man per Knopfdruck von einer Audiodatei abrufen kann, erzählt auch Anekdotisches. »Geschichten aus den Apfelkisten« heißt der Service.

Sie möchten ein Gedicht hören? »Wo an de Elw de ganze Gegend lacht, wo Gorns un Hüüs so strohlt in Märchenpracht, wo't Land mit Obstbööm öberall beplannt, dor is mien Heimat, dor is dat Ole Land.« Oder doch lieber etwas auf Hochdeutsch? »Du wirst in dieses Land gehen wie in den Garten Eden. Es wird dich fröhlich stimmen, wenn Gottes Sonne über ihm scheint.«

Die Kiste erzählt auch, wie die charakteristischen Hufendörfer entstanden sind. Die holländischen Siedler, die die nassen Marschen erst für die Landwirtschaft brauchbar gemacht hatten und nun die Äcker unter sich aufteilen wollten, wählten eine sehr spezielle Art der Parzellierung. Sie teilten das Land in etwa 2,25 Kilometer lange, aber nur 150 Meter breite »Marschhufen« auf. Der Hof liegt an der Straße, dahinter erstrecken sich die endlos langen Hufen. So groß wie heute 47 Fußballfelder waren die ursprünglichen Hufen. Die Bauern hatten auch das zu ihrem Grundstück gehörende Deichstück instand zu halten.

Den Holländern verdankt das Alte Land auch seinen Namen. Jahrhunderte hat es gedauert, es von West nach Ost urbar zu machen. Land, das bereits bearbeitet war, war das »alte Land«. Wo noch eingedeicht werden musste, war »neues Land«. Als alles getan war, war das gesamte Gebiet das Alte Land.

Adresse Königreicher Straße 88, 21635 Jork, Tel. 04162/435 | **Anfahrt** von der A 7 (Ausfahrt Hamburg-Waltershof) Richtung Finkenwerder/Cranz, nach dem Este-Sperrwerk links in die Straße Estedeich, geradeaus in die Straße Leeswig bis zur Königreicher Straße | **Öffnungszeiten** in der warmen Jahreszeit | **Tipp** Apfelkuchen gibt's auch im Hofcafé (geöffnet Mitte April – Mitte Okt. Sa 10 – 17.30 Uhr, So 13 – 17.30 Uhr).

JORK

53 Der Gräfenhof
Neues ergänzen, Altes bewahren

Heute betritt man den Gräfenhof, in dem Rathaus und Standesamt ihre Räume haben, vom Vorplatz mit der stattlichen Magnolie aus. Für 300 Hochzeitspaare im Jahr ist der Torbogen der Weg ins Glück. Früher war der Haupteingang auf der anderen Seite, am Fleth. Befestigte Wege gab es nicht, man nutzte die Kanäle und Wettern, um sich im Kahn darauf fortzubewegen. Das erklärt die Freitreppe direkt am Wasser. Über vier weitere Stufen erreichten die Menschen die Eingangsdiele des zweigeschossigen Fachhallenhauses.

Gräfen nannte man die Beamten, die in Diensten der Landesherren die Steuern zu verwalten hatten. Den Gräfenhof hat der adelige Gräfe Matthäus von Haren in den Jahren 1649 bis 1651 als Herrensitz gebaut. Das längs zum Fleth stehende Haupthaus ließ er in Buntmauerwerk errichten. An dieses schloss sich im rechten Winkel ein ursprünglich 30 Meter langes Wirtschaftsgebäude mit Ställen an. Später haben Angehörige der Adelsfamilie von Borries den Hof bewohnt. Noch später eine Familie Wilkens, die 1783 umbaute.

Der bunte Holm über dem Tor zum Hof – früher Stalltür, heute Rathauseingang – ist ein Beleg dafür, wie sorgsam Architekten Neues mit Altem verbinden und dabei Historie bewahren können. Der Holm zeigt zwei Löwen, die ein Doppelwappen tragen. Links drei Dengeleisen aus dem Zeichen der Familie von Haren. Dengeleisen brauchte man, um Sensen zu schärfen. Rechts drei Jagdhunde aus dem Wappen der Familie von Borries. In der Krone darüber die Buchstaben TWK für Tewes Wilkens und MGWK für Margarete Wilkens. Als die Gemeinde Jork den Hof 1971 kaufte und mit Millionenaufwand restaurieren ließ, hat man vom Langhaus nur diesen Holm erhalten können. Der Eingang selbst ist ein Neubau, aber das merkt man nicht. Die Giebelwand ist von 1823. Als 1974 das Haus des Obstbauern Kurt Feindt an der Straße Westerjork abgerissen werden musste, hat man die Wand hier wiederaufgebaut.

Adresse Am Gräfengericht 2, 21635 Jork, Tel. 04162/91470 | **Anfahrt** von der A7 (Ausfahrt Hamburg-Waltershof) Richtung Finkenwerder/Cranz und Grünendeich, in Borstel links in die Große Seite, über die Brücke in die Borsteler Reihe, geradeaus in die Straße Am Gräfengericht, großer Parkplatz | **Öffnungszeiten** Mo–Fr 8–11 Uhr, Mo, Di auch 13.30–16 Uhr, Do 13.30–18 Uhr | **Tipp** Im Portauschen Haus (1659) gegenüber hat früher das Gericht getagt. Als man die Durchgangsstraße verbreiterte, wurde das komplette Gebäude um einige Meter versetzt – und es ging gut (Bürgerei 7).

54 Der Herzapfelhof
Meisterhaftes Marketing

Hein Lühs legt los. Mit ausladenden Schritten geht der Obstbaumeister den Besuchern voran. Bleibt stehen beim »Altländer Pfannkuchenapfel« und erzählt, dass drei der großen Apfelkisten, die sich zu zwölft übereinander in der Lagerhalle stapeln, eine Tonne Äpfel fassen. Weiter geht's zum Herzapfelgarten, den Hein Lühs in Form eines Herzens angelegt hat. 250 Apfelsorten! Gängige und seltene. »Minister von Hammerstein«. »Stahls Winterprinz«. »Weißes Seidenhemdchen«. Der Obstbauer erklärt, dass die Familie den Traditionsbetrieb auf biologisch-dynamischen Anbau umgestellt hat. Dass die neue Sortiermaschine die Äpfel für drei Minuten in ein 50 Grad warmes Wasserbad taucht, was Widerstandskräfte im Apfel weckt. Dass Online-Direktvermarktung einen immer größer werdenden Stellwert hat. 70.000 Obstbäume pflegt der Biobauer. Wenn er von seiner Frau Beate erzählt, die den Hofladen schmeißt, von Tochter Meike, die das Marketing macht, und Sohn Rolf, schon der Junior-Chef, merkt man Hein Lühs an, wie sehr ihm der Betrieb am Herzen liegt. Aber nicht deshalb heißt er Herzapfelhof.

Als die Lühs in den 1980er Jahren als Jungbauern den Hof übernahmen, suchten sie nach einem Alleinstellungsmerkmal. Scherzhaft erzählt der Obstbaumeister, die Idee sei ihnen gekommen, als er mit seiner Frau eine romantische Nacht unter einem Apfelbaum verbrachte. Jedenfalls klebten sie eine Schablone in Herzform auf die noch grünen Äpfel, entfernten diese nach der Reifezeit – und in der roten Schale prangte nun das Herz als Motiv. Das neue Markenzeichen! Heute wird Lasertechnik eingesetzt. Jeder kann so Äpfel auch mit seinem Namen oder dem Firmenlogo verzieren lassen.

Noch so eine clevere Idee: Auf dem Herzapfelhof kann man Baumpate werden. Um den Baum muss man sich nicht kümmern. Aber je nach gebuchtem Leistungspaket kann der Pate 20 oder 40 Kilo Äpfel ernten. Besuchen darf er seinen Baum immer.

Adresse Osterjork 102, 21635 Jork, Tel. 04162/2548200 | **Anfahrt** von der A7 (Ausfahrt Hamburg-Waltershof) Richtung Finkenwerder/Cranz und Grünendeich, in Borstel links in die Straße Große Seite, über die Brücke in die Borsteler Reihe, im Kreisel links in die Straße Osterjork | **Öffnungszeiten** Mo–Sa 8–18 Uhr, So 10–18 Uhr, zusätzlich April–Okt. Fr 8–19.30 Uhr | **Tipp** Eine besonders schöne der Altländer Prunkpforten steht vor dem Gästehaus Rieper (Osterjork 80).

55 Das Königreich
Blütentraum in Weiß und Rosa

Königreich heißt ein Ortsteil des Städtchens Jork. Majestäten regieren das Alte Land. Am ersten Maiwochenende wird die Blütenkönigin inthronisiert, die nun für ein Jahr wichtige repräsentative Aufgaben zu erfüllen hat. In Steinkirchen wird im Spätsommer die Ollanner Appelkeunigin gekrönt, die Altländer Apfelkönigin. Deren Geschäfte sind nicht minder bedeutsam. Aber woher hat das Königreich seinen Namen? Die hilfsbereiten Damen der Touristen-Information wissen auch nicht weiter, man muss in die Archive. Vor Jahrhunderten war die heutige Königreicher Straße die Königliche Heerstraße. Ritter und Landsknechte haben, aus Hamburg kommend, zum Hafen Cranz übergesetzt und sind ihren Herrschern auf matschigem Weg entlang der Este bis nach Buxtehude gefolgt. Daher der Name.

Noch heute hat die Königreicher Straße keine Seitenstraßen. Ein Obsthof reiht sich an den nächsten, nach guter Ernte sind die Obstbauern Sonnenkönige in Königreich. Die Früchte gedeihen auf fruchtbarem Marschboden besonders gut, weil mäßig warme Westwinde im Mündungstrichter der Elbe für maritimes Klima sorgen: angenehm im Frühjahr und Sommer, noch warm im Herbst, mild im Winter. Über 1.500 Sonnenstunden im Jahresdurchschnitt. Die Elbe, ihre Nebenflüsse und das System der Wassergräben haben einen zusätzlichen positiven Temperatureffekt. 17 Millionen Obstbäume stehen im Alten Land, 90 Prozent sind Apfelbäume, die Hälfte davon trägt die Sorten Elstar und Jonagold. An sechs Prozent der Bäume wachsen Kirschen, der Rest sind Birnen, Zwetschgen, Mirabellen.

Im April und Mai ist das Alte Land ein einziges weiß-rosa Blütenmeer. Bei Frostgefahr werden die Bäume die Nacht über beregnet. Die fortdauernde Benetzung bewirkt, dass die Luft in der unmittelbaren Umgebung der Bäume bei null Grad gehalten werden kann, gleichzeitig schließt sich ein Eispanzer um Knospen und Blüten. Ein bizarres Bild.

Adresse Königreicher Straße, 21635 Jork-Königreich | **Anfahrt** von der A 7 (Ausfahrt Hamburg-Waltershof) Richtung Finkenwerder/Cranz, nach dem Este-Sperrwerk links in die Straße Estedeich, geradeaus in die Straße Leeswig bis zur Königreicher Straße | **Tipp** Über die Kreuzung nach Süden in die Buxtehuder und Estebrügger Straße bis zur Straße Moorende: Die blaue Brücke lässt sich zur Seite drehen.

56 Der Tetraeder
Pyramiden-Protest gegen die Preußen

Der Regierung mal widersprechen – dieses Bedürfnis war früher vielleicht ausgeprägter. Nach dem sogenannten Deutschen Krieg hatten preußische Truppen im Juni 1866 das Königreich Hannover besetzt. Der blinde Georg V. aus dem alten Geschlecht der Welfen, König von Hannover, flüchtete ins Exil nach Wien. Aber auch seinen ehemaligen Untertanen gefiel die neue Ordnung nicht. Der Groll gegen »die Preußen«, deren König und späteren Kaiser Wilhelm sowie Kanzler Otto von Bismarck schwelte lange. Um 1906 soll es gewesen sein, dass man von Plänen preußisch gesonnener Bürger hörte, eine Bismarcksäule zu errichten. Eilig organisierten die Welfen eine Spendenaktion, um den Preußen zuvorzukommen. Ein Denkmal für das verflossene Königreich und seinen letzten König wollte man bauen.

Das Grundstück stellte der welfentreue Landwirt Heinrich Seckerdiek auf dem 125 Meter hohen Vogelhüttenberg zur Verfügung. Hier sollte eine dreiseitige Pyramide errichtet werden. Die Parzelle wollte der Bauer im Grundbuch dem Herzog von Cumberland überschreiben, dem Thronerben Ernst August. Eine unerhörte Provokation der preußischen Regierung. Landrat Felix Rötger fuhr zum Bauern Seckerdiek, um ihm diesen Plan auszureden. Dessen klare Ansage wird so wiedergegeben: »Dat will ik Ihnen, Herr Landrat, man seggen, hier up düssen Barg kümmt dat Denkmol vör unsen König to stahn. Dör näben ist noch'n Barg, dor künnt se mientwägen een Denkmol vor Bismarck henstellen, denn künnt all die Lüd, de unsen König beseuken wüllt, glick seihn, wer unsen König das Land stahlen hett.«

120 Fuhren behauener Granitsteine schleppten die Welfentreuen auf den Berg, schichteten sie zum Tetraeder. Der Bismarckturm, den die Preußenfreunde ein Jahr später auf dem Kiekeberg bauten, hat den Zweiten Weltkrieg nicht überstanden.

Der Grabstein am Fuß der Pyramide ist irreführend. Georg V. ist in Windsor Castle beigesetzt.

Adresse Langenrehmer Dorfstraße zwischen Sieversen und Langenrehm, 21224 Rosengarten-Langenrehm | **Anfahrt** von der A 261 (Ausfahrt Tötensen) nach Sieversen, links in die Hauptstraße und die Langenrehmer Dorfstraße, vor der Linkskurve auf der rechten Seite | **Tipp** In Sichtweite ist der Gannaberg (155 Meter) die höchste Erhebung der Harburger Berge. Der Fernsehturm darauf ist von der Hamburger Köhlbrandbrücke aus zu sehen.

LAUENBURG

57 Das Bratenviertel
Wo die Häuser Stadtgeschichte erzählen

Die Straße ist eindeutig ein Fall für flache Treter. Wer High Heels bevorzugt, ist hier fehl am Platz oder muss jetzt barfuß laufen. Das Kopfsteinpflaster ist alt und bucklig, die schmalen Gehwege sind schief. Wer es aber durch die Elbstraße mit ihren Gassen und Treppen schafft, geht auf eine Zeitreise durchs 16. bis 20. Jahrhundert. Lauenburgs Unterstadt ist im Krieg erhalten geblieben und gilt als größtes Denkmal-Ensemble Schleswig-Holsteins. Jedes der Fachwerkhäuser erzählt seine Geschichte.

Elbstraße Nummer 16. Ein gewisser Jochim Cordes hat sich hier im Jahr 1669 ein sehr kleines Haus gebaut. Zwei Zimmer nur, aber mit einer Küche, in der sich ein Brunnen mit Pumpe befand. Später entstand an dieser Stelle ein prachtvolles Kaufmannshaus. Unten hatte eine Seifensiederei ihre Räume. Dann wurden Kolonialwaren verkauft, vor 100 Jahren zog Edeka ein. Hier, im westlichen Teil der Elbstraße, im sogenannten Bratenviertel, wohnten die Reichen.

Zwei Häuser weiter, Nummer 18. Der Keller war bis 1945 Gefangenenlager. Im eingezäunten Garten an der Flutmauer kamen die Häftlinge an die frische Luft. Nummer 26 war das Zollhaus. Elbschiffer sprangen hier an Land, um den Elbzoll zu zahlen. Zur Freude der Jugend, denn mancher Schilling ist den groben Arbeitshänden dabei entglitten und landete zwischen den Ufersteinen. Elbstraße 36, die Fassade täuscht drei Stockwerke vor, es steht aber ein zweigeschossiges Gebäude dahinter.

Bei Haus 38 hängt der Abort noch über die Mauer zur Elbe hinaus. Haus 54 war Schreyers Gasthaus, ein Arbeitertreff. Wirtin Tante Olga passte auf, dass nur draußen geprügelt wurde, wenn Nationalsozialisten schlägern wollten. Viele Brauer haben in Haus 60 gewohnt. Im Jahr 1614 hatte Lauenburg 150 Häuser und 46 Brauereien. Am Ende der Elbstraße steht der Rufer, eine Plastik von Karlheinz Goedtke. Was ruft er zum Elbeschiffer hinüber? Ein lautes Ahoi? Einen derben Witz?

Adresse Elbstraße, 21481 Lauenburg | **Anfahrt** auf der A 25 nach Geesthacht, weiter auf der B 5 nach Lauenburg, rechts in die Grünstraße, rechts in die Elbstraße, hinter der Jugendherberge parken | **Tipp** Vom Ruferplatz sind's nur ein paar Schritte zum Liegeplatz der »Kaiser Wilhelm«. Das Schiff ist der letzte noch fahrende kohlebetriebene Schaufelraddampfer Deutschlands (Ende Mai–Sept. Sa, So, Fahrzeiten unter www.raddampfer-kaiser-wilhelm.de).

58 Das Gasthaus Zum Anker

Drehort für den TV-Zweiteiler »Die Sturmflut«

Zweimal 90 Minuten. TV-Großspurigformat bei RTL. Beste Besetzung. Jan Josef Liefers, Michael Degen, Benno Fürmann, Götz George, Nadja Uhl, Heiner Lauterbach. Produzent Nico Hofmann hat Regisseur Jorgo Papavassiliou verpflichtet. Der Plot: Während die Nordsee im Sturmtief schon brodelt, feiern Markus und Katja in Hamburg Polterabend. Endlich wird der sechsjährige Philip eine richtige Familie haben. Am Vortag ist Jürgen, Katjas große Liebe, nach über sechs Jahren wieder in die Stadt gekommen. Er erfährt von Katjas bevorstehender Hochzeit, quartiert sich im Hotel Zum Anker ein, dessen Wirtin ihm einen Anzug leiht. Jürgen will Katja am Polterabend zur Rede stellen. Warum hat sie nie geantwortet auf seine Briefe? Es kommt zum Konflikt zwischen Markus, Jürgen und Katja. Draußen brechen die Deiche. Es beginnt ein Kampf um Leben oder Tod. Es wird eine Nacht, in der sich alles Bisherige relativiert. Es ist die Nacht der Sturmflut vom 16. auf den 17. Februar 1962.

Gedreht wird auch in Lauenburg, in und vor der Gaststätte und Pension Zum Anker. Das rote Ziegelgebäude am Rande der Altstadt war einmal das Orderhaus für Binnenschiffer, hier haben sie auf die nächsten Touren gewartet. An der Außenwand ein Kandelaber, gegenüber steht das Häuschen der über 100 Jahre alten Fuhrmannswaage, wo man die Kohlen wog. Hier hat sich noch das Hafen-Ambiente der 1960er Jahre erhalten, das die Drehort-Scouts in Hamburg nicht mehr gefunden haben. Die Kritiken zum Film waren verhalten. Spiegel Online schrieb: »Es hätte ein packendes Zeitgeschichtsdrama werden können, aber RTL musste seine Riesenproduktion unbedingt mit Liebeskitsch verwässern.«

Die Leuchtreklame Zum Anker hängt noch über der Tür, aber das Wirtshaus gibt's nicht mehr. Das Gebäude ist heute Treffpunkt des Vereins Anker, der psychosoziale Hilfe bietet.

Adresse Bahnhofstraße 11, 21481 Lauenburg | **Anfahrt** auf der A 25 nach Geesthacht, weiter auf der B 5 nach Lauenburg, rechts in die Straße Großer Sandberg, links in die Bahnhofstraße | **Tipp** Die Hitzler-Werft an der Bahnhofstraße baut seit 1885 Binnenschiffe. Sie kann bei Führungen besichtigt werden (Info Tel. 04153/5880).

LAUENBURG

59 Die Zündholzfabrik
Jugendherberge auch für Ältere

Streichhölzer sind heute so unentbehrlich wie vor 100 Jahren. Bis aus einem dicken Baum ein solch dünnes Hölzchen wird, mit einem Kopf aus Schwefel, Leim und Paraffin, ist es ein langer Weg. Und brandgefährlich. Den schlimmsten Feuersturm erlebte die Zündholzfabrik im Februar 1930. Vom Erdgeschoss fraßen sich die Flammen in Windeseile bis zum zweiten Obergeschoss durch, wo die Schachteln gefaltet wurden. Die größte Gefahr ging jedoch vom Nachbargrundstück aus, dort stand der Gasometer der Lauenburger Gasanstalt. Der ist nicht in die Luft geflogen, aber die Fabrik war eine Ruine. Heute lassen in dem Gebäude Kinder Luftballons knallen, und in Seminarräumen kommen hoffentlich zündende Ideen.

Die Fabrik hat man größer und moderner wiederaufgebaut. Sogar mit 300 Meter langer Transportseilbahn vom Holzlagerplatz bis zum Sägewerk, weil direkt am Elbufer alles so eng ist und Holzlaster nicht rangieren können. Der Betrieb hat wirre Zeiten überstanden. Den Ersten und den Zweiten Weltkrieg, als »Russen-Mädels« hier arbeiten mussten, 14 bis 16 Jahre alt. Die Hyperinflation, als eine Schachtel Streichhölzer, die vorher Pfennige gekostet hatte, im Februar 1923 schon 6.250 Mark teuer war. Im Juni 92.500 Mark. Im November 80 Milliarden. Elf Jahre zuvor hatte die Großeinkaufsgesellschaft Deutscher Consumvereine, eine Errungenschaft der erstarkenden Arbeiterbewegung zur besseren Versorgung der Familien, das Werk übernommen. Im ersten Jahr wurden 10.000 Schachteln mit je 60 Hölzchen hergestellt. Mitte der 1960er Jahre gab man den Standort auf und produzierte bis 1978 auf den Söllerwiesen weiter. Zuletzt 180 Millionen Schachteln im Jahr.

Die alte Fabrik hat lange leer gestanden. Sie wurde Tagungszentrum der Friedrich-Naumann-Stiftung, jetzt ist sie Jugendherberge mit Elbblick, 2014 runderneuert. Im Gästehaus sind auch Ältere willkommen, Tagungsgruppen und Familien.

Adresse Elbstraße 2, 21481 Lauenburg, Tel. 04153/598880 | **Anfahrt** auf der A 25 nach Geesthacht, weiter auf der B 5 nach Lauenburg, rechts in die Grünstraße, rechts in die Elbstraße | **Öffnungszeiten** Rezeption 8–20 Uhr besetzt | **Tipp** Von der Terrasse führt eine Treppe zur Elbpromenade. Links geht's bis zum Ruferplatz.

MASCHEN

60 — Der Rangierbahnhof
Er ist der zweitgrößte der Welt

Der Bergmeister führt die Regie. Von seinem verglasten Arbeitsplatz aus im fünften Geschoss des Towers führt er die 1360-PS-Lok, die einen 700 Meter langen Güterzug schiebt, ferngesteuert mit Tempo 10 an den Ablaufberg heran. Drei Meter ist der hoch. Sogenannte Löser haben zuvor die schweren Kupplungen auseinandergeschraubt und vom Haken genommen, die Bremsschläuche getrennt. An der Bergkuppe angekommen, trennen sich jetzt die Waggons voneinander. Einer nach dem anderen rollen sie von der Schwerkraft getrieben sanft die Gleise hinunter. Der eine mit dem Container für Finnland nach links, drei mit Neuwagen unter weißen Hauben nach rechts, der Heliumkesselwagen mit Ziel Tiefwasserhafen Wilhelmshaven ganz nach rechts. Bremsen an den Gleisen verlangsamen die Waggons, wenn sie zu schnell werden sollten. Wie von Geisterhand gelenkt schaut das aus. Es ist aber kein Teufelswerk. Ein Computer steuert die 750 Weichen. Er kennt die Zielorte der Fracht auf den Waggons.

Nur Bailey Yard im US-Bundesstaat Nebraska ist größer. Der Rangierbahnhof Maschen, im Fachjargon Zugbildungsanlage genannt, ist der zweitgrößte der Welt. Hier kommen die Güterzüge aus dem Süden an, deren einzelne Waggons regional, national und international weiter Richtung Norden sollen. Hier werden die Züge aus Skandinavien, dem Hamburger Hafen und aus Bremerhaven auseinandergenommen und neu zusammengestellt für ihre Reise in den Süden. 4.000 Waggons täglich auf bis zu 150 Züge verteilt. Man geht davon aus, dass der Container-Verkehr bis 2030 jedes Jahr um vier Prozent wachsen wird. Der Bergmeister und sein Rechner werden das steuern.

Von der Decatur-Brücke aus lässt sich das Treiben beobachten. Das ist beeindruckend genug, aber die Zahlen überwältigen. Sieben Kilometer ist der Bahnhof lang und 700 Meter breit. 112 Gleise mit 272 Gleiskilometern. 700 Cargo-Mitarbeiter der Bahn arbeiten rund um die Uhr.

Adresse Hörstener Straße/Decatur-Brücke, 21220 Seevetal-Maschen | **Anfahrt** von der A7 auf die A39 (Ausfahrt Maschen), über die Homsstraße in die Maschener Schützenstraße, an der Gabelung rechts in die Hörstener Straße, kleiner Parkplatz | **Tipp** Nur das Hupen der Rangierloks ist zu hören: Hinterm Parkplatz liegt der Maschener See mit kleinen Badebuchten.

61 Das Bahide-Arslan-Haus
Wo Neonazis drei Menschen ermordeten

Als das Treppenhaus schon lichterloh brennt, stürmt Bahide Arslan ins Kinderzimmer, reißt den siebenjährigen Enkel Ibrahim aus dem Schlaf, wickelt ihn in nasse Laken. Sie schreit, um die anderen zu wecken. Ibrahim stellt sie neben den geöffneten Kühlschrank, schärft ihm ein, sich nicht wegzubewegen. Die 51–Jährige stürmt wieder los, sie will Yeliz retten, die zehnjährige Schwester Ibrahims, und die 14-jährige Ayşe, seine Cousine. Im Treppenhaus stolpert die Oma, stürzt – und verbrennt. Yeliz und Ayşe hilft niemand mehr.

Nach Stunden findet die Feuerwehr die drei Toten und Ibrahim. Neben dem Kühlschrank. Er überlebt. Wie die Mutter, die ihr Baby aus dem zweiten Stock in die Arme von Nachbarn geworfen hat und hinterhergesprungen ist. Noch während der Löscharbeiten geht bei der Polizei ein Bekenneranruf ein: »Wir haben in der Mühlenstraße ein Haus angesteckt. Heil Hitler!« Zuvor haben die Täter auch Molotowcocktails in ein Haus an der Ratzeburger Straße geworfen, dort werden neun Menschen schwer verletzt. Ibrahims Oma, die Schwester und die Cousine sind die Ersten, die in der Nacht zum 23. November 1992 durch ein rechtsextremes Attentat im wiedervereinigten Deutschland getötet werden. Überall halten sich die Menschen bei Lichterketten an den Händen, um gegen Rassismus und Fremdenfeindlichkeit aufzustehen. Zur offiziellen Trauerfeier in Hamburg schickt Kanzler Helmut Kohl den Außen- und den Arbeitsminister. Er selbst nimmt an einem Landesparteitag teil. Zu Kohls Fehlen befragt, antwortet sein Sprecher, man wolle keinen »Beileidstourismus«.

Die Mörder von Bahide Arslan und ihren Enkeln werden gefasst. Die Richter verurteilen die 19 und 25 Jahre alten Neonazis Lars C. und Michael P. nach Jugendstrafrecht zu zehn Jahren sowie zu lebenslanger Haft. Sie sind längst wieder frei, mit neuer Identität abgetaucht. Fünf Jahre hat es gedauert, bis an das Mordhaus eine Gedenktafel angeschraubt wurde.

Adresse Mühlenstraße 9, 23879 Mölln | **Anfahrt** von der A 24 (Ausfahrt Talkau) auf der B 207 nach Mölln, an der Ausfahrt Mölln-Süd rechts in die Bundesstraße, links in die Alt-Möllner Straße, links in die Hauptstraße, rechts in die Grubenstraße bis zur Mühlenstraße | **Tipp** Der Bahide-Arslan-Gang neben dem Haus führt zum Mühlenteich. Die Mühlenstraße Richtung Osten zur sanierten Stadtmühle.

62 Der Ehreneulenspiegel
Noch mehr Ruhm für George Bernard Shaw

Vom irischen Dramatiker und Satiriker George Bernard Shaw (1856–1950) sind viele markante Zitate überliefert. So dieses: »Der einzige Mensch, der sich vernünftig benimmt, ist mein Schneider. Er nimmt jedes Mal neu Maß, wenn er mich trifft, während alle anderen immer die alten Maßstäbe anlegen in der Meinung, sie passten auch heute noch.« Wie trefflich! Wie zeitlos und gerade jetzt aktuell! Auch dies stammt vom Literaturnobelpreisträger: »Was wir brauchen, sind ein paar verrückte Leute. Seht euch an, wohin uns die normalen gebracht haben.« Shaw ist selbst ernannter Ehrenbürger von Mölln. Ein Relief an der Felsenmauer am Marktplatz der Till-Eulenspiegel-Stadt zeigt ihn als bärtigen, weisen Mann.

Zum 600. Todestag der Legenden-Figur im Jahr 1950 hatte der Stadtrat über die Idee beraten, George Bernard Shaw wegen seiner »weitreichenden humorvollen Verdienste« die Ehrenbürgerschaft anzutragen. Man hatte übersehen, dass ein solcher Titel nach der Satzung nicht mehr vorgesehen war, nachdem in Nazideutschland viel Missbrauch damit getrieben wurde. Aber Shaw zum Ehreneulenspiegel zu ernennen, das war eine Lösung. Man schickte dem damals 93-Jährigen ein Telegramm und bat, die Auszeichnung anzunehmen. Shaw – ohne jeden Bezug zu Mölln – zögerte, stimmte aber dann auf einer von Hand geschriebenen Postkarte zu: Er nehme die Würde eines »honorary citizen«, eines Ehrenbürgers, gerne an. Über den Ehreneulenspiegel ging er hinweg. Ob Shaw da auch der Schalk im Nacken saß? Dem Stadtrat blieb nur übrig, nachträglich zuzustimmen.

Wie Shaw hat Till Eulenspiegel dem Volk mit seinen Streichen den Spiegel vorgehalten. Mit übereinandergeschlagenen Beinen sitzt die Bronzeplastik von Karlheinz Goedtke auf einem Brunnen am Markt. Wer gleichzeitig den rechten Daumen und die rechte Schuhspitze des Narren reibe, werde viel Glück erleben, sagt man. Daumen und Schuh sind ganz abgewetzt.

Adresse Am Markt, 23879 Mölln | **Anfahrt** von der A 24 (Ausfahrt Talkau) auf der B 207 nach Mölln, an der Ausfahrt Mölln-Süd rechts in die Bundesstraße, links in die Alt-Möllner Straße, links in die Hauptstraße, rechts auf den Mühlenplatz, hier parken und zu Fuß den Kirchberg hinauf | **Tipp** Mehr Narreteien im Eulenspiegel-Museum gegenüber (Markstraße 2, Tel. 04542/9765140, geöffnet Mai–Okt. Mo–Fr 10–13 und 14–17 Uhr, Sa, So 11–17 Uhr, Nov.–April Mo–Fr 14–16 Uhr, Sa, So 11–13 und 14–16 Uhr).

63 _ Der Schluss mit lustig

Burn-out beim Schalk? Kann's gar nicht geben

Was hat Till Eulenspiegel nicht alles ausgehalten. Der Papst ließ die Heilige Inquisition auf ihn los, weil im Buch, das von Eulenspiegels Abenteuern erzählt, der Schalk es wagt, auch Klerus und Adel zu verspotten. Später setzten sie ihm diese alberne Schellen-Mütze auf. Seine anarchische Unangepasstheit und seinen derben Charakter hat man im Laufe der Jahrhunderte umgedichtet und ihn zu einem geselligen Possenreißer gemacht. Bei der Mainzer Fastnacht ist der Till Symbolfigur. In Mölln, wo er 1350 gestorben sein soll, begegnet man ihm als Backware und in Marzipan. Ältere Damen kaufen beim Souvenirhändler eine der bunten Schellen-Kappen und posten ein Selfie.

Wie der Till zum Eulenspiegel wurde, dazu gibt es verschiedene Theorien. »Ick bin ulen spegel«, soll er nach seinen Streichen gerufen haben. »Ich bin euer Spiegel.« Frei übersetzt: »Ich halte euch den Spiegel vor.« Das tat er ja auch. Andere meinen, das niederdeutsche Wort »ulen« habe auch »wischen« bedeutet, und »Spegel« stehe für »Po«. Also sei der Ausruf mit »Wisch mir den Hintern!« zu übersetzen, derb sagt man: »Leck mich am Arsch!« Der Künstler Nando Kallweit hat seine Figur im Kurpark »Schluss mit lustig« genannt. Eine Eiche, die das Sturmtief Emma gefällt hat, war das Ausgangsmaterial. Kallweit setzt den Till auf einen Klotz, der über die Jahre wohlbeleibte Narr stützt mit der Rechten den müden Kopf, die Kappe hängt schlaff in seiner Linken. »Altersdepressionen« haben die Lübecker Nachrichten ausgemacht.

Für den Kurdirektor ist Till Eulenspiegel der »Markenkern unseres touristischen Destinationsmarketings«. Der Schalk ist Publikumsmagnet. Die Zahl der Übernachtungen steigt. Tausende kommen alle drei Jahre zu den Eulenspiegel-Festspielen, zum komödiantischen Open-Air-Spektakel vor historischer Kulisse. Die Stadt hat einen »hauptamtlichen Narren« angestellt. Wer will, kann sich von ihm begrüßen lassen. Der Mann hat auch als Clown Erfahrung.

Adresse Kurpark-Eingang Lindenweg, 23879 Mölln | **Anfahrt** von der A 24 (Ausfahrt Talkau) auf der B 207 nach Mölln, an der Ausfahrt Mölln-Süd rechts in die Bundesstraße, links in die Alt-Möllner Straße, links in die Hauptstraße, rechts auf den Mühlenplatz, zu Fuß über die Wege Auf dem Wall und Auf den Dämmen am Mühlenteich entlang, über die Brücke | **Öffnungszeiten** täglich 9 Uhr bis es dunkel wird | **Tipp** Wie Eulenspiegel es dem gemeinen Schmied heimzahlte, sieht man am Amboss im Kurpark (Richtung Pavillon).

MÖLLN

64 Der Stuhl des Henkers
Auf Händen haben sie ihn in die Kirche getragen

Scharfrichter zu sein war ein blöder Job. Wie er die Delinquenten hinzurichten hatte, war in der Peinlichen Halsgerichtsordnung von 1532 geregelt. Wobei das »peinlich« für das lateinische »poena« stand, für Leibesstrafe. Ein mehrfacher Dieb war nur zu hängen. Eine Mörderin, die ihrem Kind die Kehle durchschnitt, wurde geköpft. Das war die Meisterprüfung des Sohnes von Johann Hennings, Henker in Mölln. Oft wurde der Beruf in der Familie weitergegeben. Auf Hennings Handwerkszeug war eingraviert: »Wann ich thu' mein Beil aufheben, wünsch ich dem Sünder das ewige Leben.« Verbrennen war eine Bestrafung vor allem für Hexen. Im schlimmsten Fall wurde der Verurteilte lebendig begraben. In Mölln hatte der Scharfrichter auch die öffentlichen Toiletten zu putzen und musste die Steuern eintreiben. Und welche Frau legt sich gern zu einem Mann ins Bett, der berufsmäßig Leute um die Ecke bringt?

Die Arbeit des Scharfrichters war geachtet. Gemocht hat ihn keiner. Henker Hennings setzte sich bei der Exekution eine Maske auf, um sich vor dem Blick der Sterbenden zu schützen. Vor der Hinrichtung bat er Gott um Vergebung. Gläubig war er. Nahm auch am Gottesdienst teil. Der Stuhl des Henkers stand in einer Ecke abseits der Bänke in der Sankt-Nicolai-Kirche. Mit Blick auf die Kanzel, aber nicht auf den Altar. Der Scharfrichter wurde auf Händen in die Kirche getragen, er durfte geheiligten Boden nicht betreten. Der Klappstuhl war so hoch, dass die Füße die Fliesen auch im Sitzen nicht berühren konnten.

Gut verdient hat der Henker. Eine Rechnung weist 15 Reichstaler aus für das Verköstigen des Todeskandidaten, das Foltern und das Exekutieren. Waren einem Straftäter nur auf der Streckbank die Gelenke auseinanderzureißen, so hatte der Henker hinterher die Knochen des Gequälten zu richten und die Wunden zu salben. Hennings Sohn war so gut in seinem Job, dass Hamburg ihn mehrfach auslieh.

Adresse Am Markt, 23879 Mölln, Tel. Kirchengemeinde 04542/8568814 | **Anfahrt** von der A24 (Ausfahrt Talkau) auf der B 207 nach Mölln, an der Ausfahrt Mölln-Süd rechts in die Bundesstraße, links in die Alt-Möllner Straße, links in die Hauptstraße, rechts auf den Mühlenplatz, hier parken und zu Fuß den Kirchberg hinauf | **Öffnungszeiten** März–Okt. Di–Sa 11–17 Uhr, So 10–12 und 14–17 Uhr; Nov.–Febr. Di–So 10–12 und 14–16 Uhr | **Tipp** Auf dem Marktplatz steht noch der alte Schandpfahl. Anketten und öffentlich zur Schau stellen war eine geringere Strafe.

65 — Die Fähre Kronsnest
Staken, wriggen, gieren

Das ist wahre Fährleute-Kunst: das Staken mit dem Riemen, das Wriggen und das Gieren. Beim Staken stößt die Fährfrau oder der Fährmann den Kahn mit einem langen Ruder vom Ufer ab und bringt ihn in Schwung. Sie wriggen, wenn der Riemen in Form einer Acht in kleinen Bewegungen durchs Wasser geführt wird und so die Fähre vorantreibt. Das Gieren bringt diese in einem günstigen Winkel gegen die Strömung in Fahrt. Mit Geschick und geringem Aufwand wird so das Boot hinüber zur Speche manövriert. Noch so ein Fachbegriff aus dem Fährleute-Wortschatz. Er meint eine gepflasterte Anlanderampe, die ins Wasser führt. Nicht nur die Techniken müssen Fährfrau und Fährmann beherrschen, sie müssen auch die Strömungsverhältnisse der Krückau kennen, ihr Wissen und Können einer Prüfungskommission beweisen. Der kleine Zufluss der Elbe, der die Landkreise Pinneberg und Steinburg trennt, ist Bundeswasserstraße.

Die Fähre Kronsnest ist die kleinste Deutschlands, ein bisschen Folklore. Elbe-Radwanderern spart sie aber 20 Kilometer Umweg, um die Krückau zu queren. Bald 400 Jahre war hier ein Kahn unermüdlich unterwegs, um die Menschen in Neuendorf und Seester zu verbinden. 1968 stellt man den Fährbetrieb ein. Damals gilt die Krückau noch als einer der schmutzigsten deutschen Flüsse. Aus Färbereien in Elmshorn fließen Abwässer in allen Farben in die Au, blutrot sind die Auslässe von Schlachtereien, flussabwärts kommt der Dreck von Gerbereien dazu. Das ändert sich, als man 1973 das große Klärwerk baut. 1992 gründet sich der Förderverein zum Erhalt der Fähre Kronsnest. Ein Jahr später ist Stapellauf des Nachbaus der »Höl över«. Aus Eichenholz, 4,40 Meter lang und 1,80 Meter breit.

Mit sieben Fahrgästen und Fahrrädern darf die Fähre übersetzen. Die Krückau, tidenabhängig, ist an der Fährstelle mal 16, mal 40 Meter breit. Die Fährleute starten am alten Bauwagen. Staken. Wriggen. Gieren.

Adresse Kronsnest 7, 25335 Neuendorf, Tel. 04121/21399 | **Anfahrt** von der A 23 (Ausfahrt Elmshorn) auf der B 431 nach Elmshorn und weiter Richtung Glückstadt, in Neuendorf-Altendeich links in den Bauerweg, rechts in die Straße Kronsnest, kaum Parkmöglichkeiten | **Fährzeiten** Mai – 3. Okt. Sa 12 – 18 Uhr, So 10.30 – 18 Uhr | **Tipp** Der Stöpenkieker, ein Mini-Museum, erzählt die Geschichte der Fähre. Im Radfahrer-Café De Sööte Eck gibt's sonntags Fährwaffeln und Kuchen.

66 Die tesa-Zentrale
Wie mit Elsa Tesmer alles begann

Es ist einer dieser Werbespots, die Älteren Freudentränen der Nostalgie in die Augen treiben und Jüngere staunen lassen über eine unbekannte Welt. Anfang der 1970er Jahre, erst seit Kurzem gibt es Farbfernsehen. Pfeifend hüpft in blauer Latzhose mit wippenden Zöpfen ein kleines Mädchen um die Eigenheimecke auf den Vater zu. »Hallo, Vati!« – »Hallo, Kati!« Die Begrüßung ist knapp, aber fröhlich. Der als Hobby-Handwerker nicht überzeugende Papa hat ein Problem, im Gartenschlauch ist ein Loch. Aber Kati hat tesa-Band dabei. »Das wickeln wir einmal rum, zweimal rum und noch einmal rum. Und fertig!« Der 30-Sekünder unterlief das Klischee vom starken Mann und dass Heimwerken Männersache sei. Drei Jahre lang liefen die Do-it-yourself-Spots mit Vati und Kati an jedem Samstag direkt vor der Tagesschau.

Die tesa-Geschichte beginnt mit der missglückten Entwicklung eines Wundpflasters, an dem der Apotheker Paul C. Beiersdorf arbeitet. Das Pflaster klebt bestens, reizt aber die Haut. Aus der Not wird eine Tugend, 1896 kommt das erste technische Klebeband auf den Markt. Den Namen dazu liefert zehn Jahre später Elsa Tesmer, Leiterin der Schreibstube bei Beiersdorf. Sie setzt aus den Silben ihres Namens den Begriff tesa zusammen. Das Wort hat sich als Gattungsname für transparentes Klebeband durchgesetzt, wie Tempo. 98 Prozent der Deutschen kennen tesa.

7.000 sogenannte Klebesystemlösungen bietet das Tochterunternehmen des Nivea-Konzerns Beiersdorf heute an. Produkte für Heimwerker wie Handwerker erwirtschaften ein Viertel des Umsatzes von 1,3 Milliarden Euro. Die größeren Geschäfte macht die Firma mit der Industrie. Elektronik-Riesen wie Apple und Samsung verkleben ihre Smartphones und Tablets mit tesa. Autohersteller und ihre Zulieferer Fensterscheiben und Cockpit-Elemente. 2016 hat man die neue Firmenzentrale bezogen. Elektromobilität ist das aktuelle Thema in den Laboren.

Adresse Hugo-Kirchberg-Straße 1, 22848 Norderstedt, Tel. 040/888990 | **Anfahrt** von der A 7 (Ausfahrt Hamburg-Schnelsen-Nord) über die B 432 und B 433 nach Osten, nach dem Flughafentunnel links in die Niendorfer Straße, auf der rechten Seite | **Tipp** Auf der anderen Straßenseite liegt das nördliche Ende der Landebahn 15/33 des Hamburg Airport Helmut Schmidt.

67 — Die Schwebefähre
Fährmann, hol über!

Ohne ein paar Zahlen geht's nicht in diesem Kontext. Auf 90 Metern Länge überspannt die Schwebefähren-Konstruktion, ursprünglich »Schwebebahn« genannt, den Fluss Oste zwischen den Orten Osten und Hemmoor. 38 Meter hoch ist das Bauwerk, die Portal-Weite misst 25 Meter. Allein die Gondel wiegt 34 Tonnen. Und doch: Würde man den gesamten verbauten Stahl zu einem kompakten Würfel pressen, hätte er eine Kantenlänge von nur 320 Zentimetern! So filigran ist dieses genietete Stahlfachwerk. Als die Fähre im Jahr 1909 den Betrieb aufnimmt, gilt sie als Wunderwerk moderner Stahlbauweise, wie sie der Welt erstmals mit dem Eiffelturm in Paris präsentiert worden war.

Bis dahin hatte eine sogenannte Prahmfähre, an Seilen übers Wasser gezogen, die Menschen und Fuhrwerke über die Oste gebracht. Aber nun setzt sich die Motorisierung durch, es gibt immer mehr Verkehr. Die Fähre ist zudem abhängig von dem durch die Tide ständig schwankenden Wasserstand der Oste, von Stürmen und Eisgang im Winter. Man will zunächst eine Drehbrücke bauen, aber das ist zu teuer. Letztendlich beschließt der Gemeinderat 1899, die Schwebefähre in Auftrag zu geben. So hoch soll sie gebaut werden, dass »vollbemastete Schiffe« sie durchfahren können. 280.000 Mark muss das damals nur 600-Einwohner-Dorf zusammenkratzen. 80.000 Mark soll zudem der letzte Fährbesitzer Claus Drewes als Abstandssumme bekommen. Dafür, dass er auf sein Fährprivileg verzichtet.

Seit 1974 überquert eine feste Brücke, über welche die B 495 führt, die Oste. Seither ist die »Schwebebahn« technisches Baudenkmal, mehrfach restauriert. Sie ist die älteste in Deutschland, die zweite neben der über den Nord-Ostsee-Kanal bei Rendsburg, eine von nur noch acht funktionstüchtigen Schwebefähren weltweit. Fußgänger, Radfahrer und Oldtimer werden mitgenommen. Sechs Minuten dauert der Flug. Lautlos. »Und es schaukelt gar nicht«, betont der Fährmann.

Adresse Deichstraße 1, 21756 Osten | **Anfahrt** von der B 73 in Hemmoor rechts auf die B 495, rechts in die Birkenstraße, rechts in die Hofstraße bis zum Deich | **Fährzeiten** Di–Fr 11–14.30 Uhr, Sa, So 11–16.30 Uhr | **Tipp** Die Deichstraße 300 Meter Richtung Osten: Die Barockkirche Sankt Petri hat Johann Leonhard Prey gebaut. Er war auch einer der Architekten des Hamburger Michels (geöffnet April–Okt. 9–18 Uhr).

68 Das Baumschulmuseum
Im größten Anbaugebiet Europas

Warum gehen Bäume in die Schule, was lernen sie da? Vor allem, gerade zu wachsen. Kein Gartenfreund und kein Stadtgärtner wird einen Baum kaufen, der nicht makellos in die Höhe gewachsen ist. Zweitens bringt man den Pflanzen bei, mit Stress umzugehen, wenn sie umziehen. Mindestens alle drei Jahre werden die jungen Bäume gerodet und an anderer Stelle wieder eingebuddelt. Der Fachmann sagt, sie werden verschult. Durch häufigen Standortwechsel entwickeln sich die Feinwurzeln besser, über die die Pflanze Wasser und Nährstoffe aufnimmt. Gleichzeitig wird verhindert, dass sich große Starkwurzeln bilden, welche den Baum tief im Boden verankern. Ein kompakter Wurzelballen soll entstehen. Nur so kann man auch ältere Bäume noch verpflanzen. Alleebäume brauchen Anzuchtzeiten von 15 Jahren, bevor sie in den Handel kommen.

Der Kreis Pinneberg gehört zu den eher waldarmen Gebieten Schleswig-Holsteins. Ausgerechnet hier liegt Europas größtes zusammenhängendes Baumschulgebiet, einige Baumschuler meinen, es sei das größte der Welt. Hunderte Betriebe produzieren und kultivieren Laubgehölze, Obstbäume, Nadelgewächse, Sträucher, Rosen. Der Hamburger Kaufmann Baron Caspar Voght hat 1785 damit angefangen. Als Experten engagierte er den Baumgärtner James Booth aus Schottland. Der lockere Geestboden, das frostarme Klima und eine gute Infrastruktur mit Eisenbahn und dem Hamburger Hafen waren ideale Voraussetzungen auch für internationalen Handel. Viele Mitarbeiter von Booth haben später eigene Baumschulen gegründet.

»Wiege des Waldes« wird die Region Pinneberg prosaisch genannt, mittendrin steht in einer alten Lagerhalle das Baumschulmuseum. Dort sind auch die Gefahren dokumentiert, die durch Globalisierung drohen. Der Asiatische Laubholzbockkäfer und der Citrusbockkäfer könnten die Bestände der Schulen vernichten. Man hat Spürhunde trainiert, die nur auf diese Insekten reagieren.

Adresse Halstenbeker Straße 29, 25421 Pinneberg, Tel. 04101/553085 | **Anfahrt** von der A 23 (Ausfahrt Pinneberg-Süd) über die Rellinger Straße Richtung Thesdorf, links in die Bogenstraße und die Neue Straße, links in die Halstenbeker Straße | **Öffnungszeiten** Di 16–18 Uhr, Mai–Okt. zusätzlich So 14–18 Uhr | **Tipp** Über der Baumplantage neben dem Museum steigen Drachen auf. Sie sollen Vögel verscheuchen und verhindern, dass diese bei der Rast junge Triebe abbrechen.

69 Die Wupperman-Siedlung
Günstig wohnen beim Patriarchen

Dass Arbeiter ihrem Chef ein Denkmal setzen, ist eher die Ausnahme. Dem Industriellen Herman Wupperman ist das posthum widerfahren. Seine Büste wird flankiert von zwei Symbolfiguren. Rechts ein Mann mit schwerem Hammer und Lederschürze, ein Zahnrad im Hintergrund. Er steht für die Arbeit. Links ein Kollege mit Merkurstab und einem Eisenbahnrad. Mit diesen Insignien verweist er auf den Handel.

Der Unternehmer Herman Wupperman, dessen Vorfahren in die USA ausgewandert waren, wird in Texas geboren, wo er auch das zweite »n« im Vor- und Nachnamen verliert. In der Mitte der zweiten Hälfte des 19. Jahrhunderts zieht er nach Deutschland, kauft 1878 in Pinneberg das finanziell am Abgrund stehende Union-Eisenwerk. Dort hat man sich auf die Produktion von Emaillegeschirr spezialisiert, Waschschüsseln, Kessel, Siebe, Töpfe, auch Nachttöpfe. Dinge, die wir heute auf Trödelmärkten gerne in die Hand nehmen. Wupperman modernisiert die Produktion, baut die Fabrik zu einem der größten Emaillierwerke Europas aus. 600 Arbeiterinnen und Arbeiter kann er beschäftigen, zwei Drittel der Waren gehen in den Export.

Der Texaner zahlt mehr als andere Arbeitgeber. Mit einer Betriebs- und Familienkrankenkasse, einer Arbeiterrentenstiftung, einem Kohlenkonsumverein und einer Mitarbeitersparkasse sichert er die Beschäftigten deutlich besser ab, als es die Sozialgesetzgebung vorsieht. Er richtet eine sogenannte Warteschule ein, eine Kita, die sich an den Arbeitszeiten der Fabrik orientiert. Rund ums Werk lässt er eine Siedlung bauen, 120 Wohnungen in Mehrfamilien- und Doppelhäusern. Wupperman-Mitarbeiter, die zwischen 8,50 und 18 Mark Wochenlohn verdienen, zahlen hier keine zehn Mark Monatsmiete. Ein Drittel weniger als sonst in Pinneberg.

Die Fabrik gibt es nicht mehr, die Häuser stehen immer noch. Der Patriarch wird 1898 bei einem Jagdausflug getötet. Ein Zug erfasst seine Kutsche.

Adresse Hermanstraße, Ottostraße, Peinerweg, Prisdorfer Straße, 25421 Pinneberg | **Anfahrt** von der A 23 (Ausfahrt Pinneberg-Mitte) über die Straße Damm bis zum Zentrum Pinneberg, rechts in die Elmshorner Straße, links in die Prisdorfer Straße, links in den Peinerweg | **Tipp** Den Wasserturm am Ende des Peinerwegs ließ die Firma zur besseren Versorgung der Siedlung bauen.

70 Das Degenhardt-Grab
»Den Mantel der Verlogenheit zerreißen«

Keiner hält der alten, damals noch jungen Bundesrepublik so den Spiegel vor wie Franz Josef Degenhardt Mitte der 1960er Jahre. Bänkelsänger nennt man ihn mit seiner rupfig gespielten Gitarre. In dem Lied »Sonntags in der kleinen Stadt« karikiert er das miefige und spießige Nachkriegsdeutschland, in dem Nazismus noch wirkt und der Kommunismus zumindest für Degenhardt ein Ausweg scheint. »Da hockt die ganze Stadt und mampft, dass Bratenschweiß aus Fenstern dampft.« Der Sänger zerpflückt das »Sonntagseinerlei« mit morgendlichem Bad, Kirchgang, üppiger Mahlzeit, Zigarrenpause, Bummel durch die Stadt. »Hüte ziehen, spärlich nicken, wenn ein Chef kommt, tiefer bücken.« Degenhardt, der als Rechtsanwalt später Mitglieder der Baader-Meinhof-Gruppe verteidigt, lehnt sich auf. Drei Jahre vor den Protesten der 68er-Generation.

»Spiel nicht mit den Schmuddelkindern« ist der bekannteste Song des Liedermachers. Das gleichnamige Plattenalbum wird sein Durchbruch und auch ein halbes Jahrhundert später noch als eines der 50 besten deutschen Alben bewertet. Degenhardt besingt die Geschichte eines Jungen aus sogenanntem besseren Haus, der gerne mit Arbeiterkindern spielt, aber in eine gesellschaftliche Karriere gezwungen wird. Die Frankfurter Allgemeine Zeitung urteilt: »Nie wieder ist so liebevoll zynisch dargelegt worden, welch tödlich starre Grenzen die kleinbürgerliche Konvention zieht und dass nur wirklich lebt, wer wenigstens zeitweise Schmuddelkind war.«

Franz Josef Degenhardt stirbt 2011. Die Musik-Zeitschrift Rolling Stone schreibt im Nachruf: »Niemand beobachtete so präzise, niemand sonst konnte den Mantel der Verlogenheit mit einer Zeile zerreißen.« Degenhardts Grab auf dem Heidefriedhof ist schwer zu finden. Man geht am Haupteingang gleich links, dann rechts, geradeaus und rechts am ersten Brunnen vorbei, am zweiten Brunnen links vorbei. Das Grab liegt links.

Adresse Harksheider Weg, 25451 Quickborn | **Anfahrt** von der A7 (Ausfahrt Quickborn) rechts in die Friedrichsgaber Straße, rechts in die Ulzburger Landstraße bis zum Harksheider Weg, rechts | **Tipp** Beim Teich des Friedhofs in der Nähe der Kapelle steht ein Grabmal für tot geborene Kinder. Der Steinmetz hat einen Schmetterling gemeißelt.

QUICKBORN

71 Das Himmelmoor
Für Zwangsarbeiter war es die Hölle

Dunkelbraune Einöde. Dort, wo man bis vor Kurzem noch Torf abgebaut hat. Verbogene Gleise verlaufen im Schlingerkurs über Dämme. Hier sind die hölzernen Waggons der Lorenbahn entlanggerattert, um wieder eine Fuhre Torf zum Werk zu schleppen. Rundherum ist das Hochmoor schon zu großen Teilen renaturiert. Der Mensch versucht wiederaufzubauen, was er vorher im Raubbau zerstört hat. Große Flächen sind neu vernässt. Aus dem Wasser des verzweigten Moorsees ragen abgestorbene Bäume. Auf kleinen Inseln gedeihen Binsen und Gräser. Das Wollgras blüht bis Mai und manchmal ein zweites Mal im September. Birkenwäldchen rascheln. Von der giftigen Kreuzotter, stark gefährdet, gibt es wieder eine stabile Population.

Industriell hat man im Himmelmoor 150 Jahre Torf abgebaut. Im Ersten Weltkrieg wurden hier 500 russische Kriegsgefangene geknechtet. Im Zweiten Weltkrieg waren es 135 Russen und Franzosen sowie politische Häftlinge. Für 53 jüdische Kriegsgefangene gab es ein eigenes Lager. Nach dem Wecken um 5.30 Uhr bekamen die Männer Brennnesseltee und trockenes Brot, dann ging es ins Moor. Für mindestens zwölf Stunden. Jeder musste pro Tag ein Stück von 15 Metern Länge und je einem Meter in der Breite und der Tiefe abstechen. Um nicht im Moor zu versinken, hatten die Zwangsarbeiter Bretter unter die Schuhe gebunden. Oft wurde im Dunkeln noch Strafexerzieren angeordnet, manchmal nackt bei Minustemperaturen. Umzingelt von mit Maschinenpistolen bewaffneten Schergen der SS. Nach dem Krieg haben Häftlinge des Gefängnisses Neumünster noch bis in die 1980er Jahre im Himmelmoor Torf abgebaut.

Die letzte Lore ist im Sommer 2018 aus dem Moor gerollt. Es wird weiter renaturiert. Wanderwege sind angelegt, und ein Förderverein hat einen langen Holzsteg aus Eichenbohlen über morastige Abschnitte bauen lassen. Trotzdem: Besser wasserfeste Schuhe anziehen! Und nicht vom Weg abkommen!

Adresse Ende der Himmelmoorchaussee, 25451 Quickborn | **Anfahrt** von der B 4 in die Marktstraße, rechts in die Straße Klingenberg, an der 2. Gabelung links in die Himmelmoorchaussee bis zum alten Torfwerk | **Tipp** Lore mit Aussicht: Von April bis Oktober fährt an jedem ersten und dritten Sonntag im Monat um 13 und 15 Uhr die Torfbahn durchs Moor. Infos unter www.torfbahn-himmelmoor.de.

QUICKBORN

72 Die Munitionsfabrik
Noch eine Woche nach der Explosion fand man Tote

Gertrud Meyer ist 16 Jahre alt, als man sie von Hamburg nach Quickborn verschickt. In mehreren Munitionsfabriken schuften hier 2.400 Mädchen und junge Frauen. Sie befüllen Granaten, welche die Männer an den Fronten des Ersten Weltkriegs verballern. Jugend- und Frauenschutzgesetze sind außer Kraft gesetzt, Gertruds Schicht für 18 Mark Wochenlohn dauert zwölfeinhalb Stunden. Bald sind ihre Haare grün, und die Haut wird gelblich – Folgen der Pikrinsäure, einem Sprengstoff, mit dem sie hantiert. Gertrud arbeitet an Presse 8. Sie weiß, wie gefährlich die Arbeit ist. »Wenn sich beim Pressen lose Schwarzpulverkügelchen zwischen Hülse und Matrizenwand verklemmten, knallte es. Das konnte das Leben kosten.«

Gertrud überlebt schwer verletzt, als am 10. Februar 1917 um 6.58 Uhr zuerst die Explosivstoffwerke Thorn an der Theodor-Storm-Straße und in einer Kettenreaktion die benachbarte Fabrik Glückauf in die Luft fliegen. Schätzungen nennen bis zu 600 Tote, die Gesellschaft für schleswig-holsteinische Geschichte spricht von mindestens 220, offiziell zugegeben werden damals 107. Gertrud schreibt in ihren Erinnerungen: »Etwas Gewaltiges toste über mich hinweg. Grellweißes und buntfarbenes Blitzen, unermessliche Lichtgarben bedeckten den Himmel.« Viele werden zerfetzt, andere verbrennen. Noch eine Woche nach den Explosionen findet man Leichen. Der Zeitzeuge W. Rohde: »Hunderte Verletzte kamen mir auf der Straße entgegen, teils halb verrückt geworden. Sie schrien nach ihrer Mutter oder sonst einem Angehörigen. Die allermeisten Mädchen hatten in ihrer Erregung ihr Haar losgerissen und weinten bitterlich.« Bauern bringen die Verwundeten auf Fuhrwerken zur Bahnstation. Zwei voll besetzte Lazarettzüge starten Richtung Hamburg.

Das Glückauf-Gelände ist immer noch Brachland. Hinterm Gittertor zwischen der alten Werksumfriedung sind Erdwälle zu sehen, hinter denen die Pulverbunker lagen.

Adresse Theodor-Storm-Straße 61, 25451 Quickborn | **Anfahrt** von der A 7 (Ausfahrt Quickborn) rechts in die Friedrichsgaber Straße, links in die Ulzburger Landstraße, rechts in die Theodor-Storm-Straße | **Tipp** Schwer zu finden: Ein Gedenkstein für die Explosionsopfer steht auf dem alten Nordfriedhof an der Ellerauer Straße. Hinter dem »Haus Eichenhof« (Nummer 5) verläuft als Pfad der Friedhofsweg, das Tor steht offen.

73 Das Alte Vaterhaus
Gute und bittere Zeiten für Ernst Barlach

Auf dieser Veranda, von vier toskanischen Säulen dominiert, hat Ernst Barlach seine ersten Buchstaben ins Schulheft gemalt. »Ich lerne schreiben und lesen«, notiert er in seiner Autobiografie über die Kinderjahre in Ratzeburg. Von der Veranda aus kann er links auf die Westmauer von Sankt Petri schauen. Vor ihm erstreckt sich ein langer Garten mit Blumenrabatten, Buchsbäumen, Spalierobst, Laube. Blickdicht mit Holzplanken umstellt. Am Ende neben einem Gemüsegarten der Pferdestall und das Quartier des Kutschers, der den Vater und Arzt Georg Barlach zu Hausbesuchen chauffierte.

Zeit seines Lebens hat Ernst Barlach (1870–1938) das Walmdachhaus »das alte Vaterhaus« genannt, obwohl er in Wedel geboren wurde und nur acht Jahre in Ratzeburg lebte. 1876 zieht die Familie her, zunächst wohnen die Eltern mit den vier Söhnen in der Seestraße. Dann kann der Vater das Veranda-Haus kaufen, richtet Praxis und Wohnung ein. Über das »Vaterhaus« schreibt Ernst Barlach: »Es barg Winkel und Verschläge, Böden und Finsterräume, allzu gewünscht für ein Gemüt voll Ahnen und Grausen.«

Ernst Barlach, der später so ausdrucksstarke Expressionist, erlebt hier prägende Jugendjahre. Auch bittere Zeiten. »Wir kamen aus der Schule heim und wurden bedeutet, dass unsere Mutter abwesend sei, vielleicht auf längere Zeit. Wir fragten nicht und taten zueinander, als sei da alles auf dem sicheren Boden des Notwendigen. Mein Vater, der wissen musste, was er über seine Frau verhängt hatte, schwieg seinerseits. Nur, dass er mich von Zeit zu Zeit aufforderte, einen Weihnachts- oder Geburtstagsbrief zu schreiben.« Irgendwann kommt Johanna Barlach zurück, alsbald stirbt der Vater. »Wir gingen alle in die Pfeifenkrautlaube und hörten die Stunde drei vom Kirchturm schlagen. Sonst war alles totenstill, und die meinem Vater beschiedenen 45 Jahre waren um.« Die Witwe und die Kinder ziehen nach Mecklenburg.

Adresse Barlachmuseum, Barlachplatz 3, 23909 Ratzeburg, Tel. 04541/3789 | **Anfahrt** von der A 24 (Ausfahrt Talkau) auf die B 207 Richtung Ratzeburg, in Harmsdorf rechts auf die B 208, von der Straße Unter den Linden rechts in die Straße Demolierung, links in die Barlachstraße, auf der rechten Seite | **Öffnungszeiten** März–Nov. Di–So 11–18 Uhr | **Tipp** In der Kirche Sankt Petri prägt nicht eine Längsachse, sondern die Querachse den Raum. Einzigartig im Norden. An der Ostwand steht Barlachs »Lehrender Christus« (geöffnet April–Sept. 10–17 Uhr, Okt.–März 10–16 Uhr).

RATZEBURG

74 Der Küchensee
Karl Adam trainierte den Deutschland-Achter

Dass ein Studienrat für Mathematik, Physik und Philosophie den Leistungssport revolutioniert? Karl Adam hat's getan. Der Pädagoge an der Gelehrtenschule hatte auch das Unterrichtsfach Leibesübungen zu betreuen, schließlich war er Hochschulmeister im Schwergewichtsboxen gewesen. Aber mit Rudern hatte er nun gar nichts am Hut, sowieso hat er die Schiebermütze bevorzugt. Ausgerechnet ihm drückt das Kollegium aufs Auge, sich um die Ruderriege der Schule zu kümmern. Ihm, der noch nie für ein Rennen einen Riemen gezogen hat. Am Ende trainiert Karl Adam den Deutschland-Achter. Olympia-Gold mit dem Paradeboot 1960 in Rom und 1968 in Mexiko. Sieben Titel bei Welt- und Europameisterschaften. Man nennt ihn den Ruder-Professor.

Der Küchensee wird auch Großer Küchensee genannt, um ihn vom Kleinen Küchensee zu unterscheiden. Zusammen mit dem Ratzeburger See umschließen sie den Inselkern von Ratzeburg. Karl Adam ist Gründungsmitglied des Ratzeburger Ruderclubs (RRC). 1956 wird am nordwestlichen Ufer des Küchensees ein Bootshaus gebaut. Adam bevorzugt den Küchensee als Trainingsgebiet, weil hier der Wellengang geringer ist als auf dem größeren Ratzeburger See. Vor allem probiert er mathematisch-physikalisch viel aus: andere Ruderblätter, leichtere Materialien. Intervall- und Koordinationstraining. Auf dem Begleitboot folgt er seinen Jungs auf dem See. Megafon, Fernglas und Stoppuhr dabei.

Psychologische Tricks gehören auch zu Karl Adams Konzept: »Sport ist Kampf – und Kampf lässt sich nur durchführen auf der Grundlage der Aggression. Also aufgrund von Hassgefühlen. Wenn die Hassgefühle nicht vorhanden sind, dann muss man sie erregen, notfalls in der Mannschaft gegen den Trainer.« Zum Doping meinte er, das sei Sache der Athleten. Nie wurde einer seiner Sportler erwischt. Der Deutschland-Achter wird heute in Dortmund trainiert.

Adresse Dr.-Alfred-Block-Allee 5, 23909 Ratzeburg, Tel. 04541/4120 (RRC) | **Anfahrt** von der A 24 (Ausfahrt Talkau) auf die B 207 Richtung Ratzeburg, in Harmsdorf rechts auf die B 208, von der Bahnhofsallee scharf rechts in die Kastanienallee und Dr.-Alfred-Block-Allee | **Tipp** Auf einem Gedenkstein abseits des Clubhauses ist Karl Adams Leitspruch in Bronze gegossen: »Die Struktur der Leistung ist auf allen Gebieten gleich.« (rechts vom Haus Lüneburger Damm 7, hinter der Bushaltestelle)

75 Das Schloss Reinbek
Shakespeare konnt's nicht besser

Zu jedem anständigen Schloss gehören wundersame Geschichten, die sich darum ranken. Wie die von Herzog Adolf, der Schloss Reinbek im 16. Jahrhundert bauen ließ, die stattliche Residenz aber nur wenige Wochen im Jahr als Sommerdatsche nutzte. Der Kastellan hatte dann ein Hoflager einzurichten. Neues Geschirr wurde beschafft aus Kristall, Zinn, Silber. Die Chroniken berichten, dass im Jahr 1582 Stallungen für 227 Pferde bereitstehen mussten. Ums dem Herzog schön zu machen, schleppten Diener kostbare Spiegel, Gemälde und Lüster aus anderen Palästen an. Mit der sonstigen Einrichtung scheint die feine Gesellschaft nicht besonders pfleglich umgegangen zu sein. Schreiner mussten bereitstehen, um immer wieder die Möbel zu reparieren oder gar neue zu bauen.

Nach wechselhafter Geschichte ist Schloss Reinbek heute Veranstaltungsort für Kunstmessen, Konzerte, Tagungen, das Schleswig-Holstein Musik Festival und Hochzeiten. In zehn Jahren Restaurierungsarbeit hat man das Anwesen in den Zustand zurückgebaut, in dem es um etwa 1620 gewesen sein muss. Vor allem die Hofarkaden mit toskanischen Säulen, zwischenzeitlich zugemauert, sind wieder freigelegt.

Auch eine Liebesklamotte spinnt sich ums Schloss, so tragisch schön wie die von Romeo und Julia. Es war im Juli 1811. Der 19-jährige Emil, jüngster Sohn des Hausherrn Christoph Hartwig von Lowtzow, war verknallt in die drei Jahre jüngere Caroline und sie in ihn. Sie wollten heiraten, aber sie war die Tochter des Mühlenpächters. Nicht standesgemäß! Auf dem Schloss feierte man ein Fest, es war zwei Tage nach Vollmond, als die beiden sich aufmachten zum Fluss Bille. Sie banden ihre blonden Haare aneinander, stiegen Arm in Arm barfüßig auf einen umgefallenen Baum und stürzten sich in die Fluten. Am nächsten Tag hat man die Leichen der jungen Liebenden aus dem Wasser gezogen. Erst im gemeinsamen Grab wurde ihnen ihr Wunsch gewährt.

Adresse Schloßstraße 5, 21465 Reinbek, Tel. 040/72734611 | **Anfahrt** von der A 24 (Ausfahrt Reinbek) über den Tangentenring und den Glinder Weg Richtung Reinbek, links in die Hamburger Straße, rechts in die Bahnhofstraße, nach der Unterführung auf der linken Seite | **Öffnungszeiten** Mi–So 10–17 Uhr | **Tipp** Die Bille ist am Schloss zum Mühlenteich aufgestaut. Ein Steg geht weit hinaus aufs Wasser.

76 Die Achteck-Kirche
Obendrauf sitzt eine Laterne

Die Spitze des Turmes sieht aus, als habe sie jemand vom Himmel herab mit sehr großen, spitzen Fingern gezwirbelt. Sie ist in sich gedreht. Das hat sich aber nicht der Zimmermann Jacob Bläser aus Altona ausgedacht, der die Spitze auf die barock geschwungene Haube setzte. Die Drehung entstand über viele Jahrzehnte, in denen sich der Dachstuhl durch Witterungseinflüsse verzog. Er ist jetzt aber gesichert. Ungesichert ist, was man über den Tod des Turm-Baumeisters erzählt: Er soll sich 1712 erhängt haben, weil er sich schämte. Denn der Turm war etwas schief geraten. Nachgewiesen ist nur, dass der Baumeister in jenem Jahr aus unbekannten Gründen starb.

Durch den Turm, der noch auf den Granitsteinen eines Vorgängers ruht, betritt man das achteckige Kirchenschiff. Es wurde 1756 daneben gesetzt. Der dänische König hatte dafür den holsteinischen Architekten Cai Dose verpflichtet. Acht Pfeiler gliedern den Innenraum. Dose ließ rundum große Doppelfenster einbauen, verpasste dem Kuppeldach 24 Mansarden und setzte eine hohe Laterne obendrauf. Durch diese vielen Öffnungen wird der Bau vom Licht geflutet. Die Gemälde und Stuckarbeiten haben die italienischen Brüder Francesco und Carlo Martini geschaffen. In der Mitte das himmlische Orchester und das Auge Gottes. Dose baute einen Gottesdienstraum, in dem Prediger und Gläubige eng zusammenrücken. Altar, Kanzel und Orgel bilden an der Ostwand ein Ensemble. 2.000 Menschen hatten Platz. Die Achteck-Kirche gilt als eine der bedeutendsten spätbarocken Kirchen.

Die alten Baumeister haben uns ja viele großartige sakrale Säle hinterlassen, mit guter Akustik. Im Rellinger Oktogon ist sie aber ganz besonders. Die Mai-Konzerte sind bekannt. Auch das Schleswig-Holstein Musik Festival gastiert in der Kirche. Cai Dose hat sie zudem mit doppelter Empore ausgestattet – bester Blick für alle Zuhörer auf die Streicher, Pianisten oder Trompeter.

Adresse Kirchenstraße / Am Markt, 25462 Rellingen | **Anfahrt** von der A 23 (Ausfahrt Pinneberg-Süd) in die Rellinger Straße, rechts in die Straßen Ehmschen und Am Markt | **Öffnungszeiten** Do 18–19 Uhr, zusätzlich Juni–Sept. So 14–17 Uhr, So 10 Uhr Gottesdienst | **Tipp** Der Pumpenbogen von 1805 war Wasserstelle für die Feuerwehr und diente Kutschern als Pferdetränke (Ecke Am Markt / Birkengrund).

SCHARNEBECK

77 — Der Schiffe-Fahrstuhl
38 Meter geht's hinauf oder hinab

An diesen glänzenden Stahlseilen hängt alles. 240 Trossen tragen das Gewicht von etwa 6.000 Mittelklasse-Wagen. Sie heben und senken die überdimensionierte Badewanne, in der ein Binnenschiff parkt. Es kommt aus Hamburg oder Lübeck und will durch den Elbeseitenkanal zum Mittellandkanal. Oder umgekehrt. Auf der einen Seite fährt es in den Trog, auf der anderen Seite wieder hinaus. Dazwischen liegen 38 Höhenmeter. Nachdem der Frachter festgemacht hat, schließt das Schleusentor. Schon geht's los. Überraschend leise surren die Aufzugsmotoren. In nur drei Minuten ist die Strecke zwischen Marsch und Geest überwunden. Leicht und elegant fühlt sich das an. Trog und Schiff scheinen zu schweben. Besucher können das von der Promenade aus gut beobachten. Rauf und runter, wie im Fahrstuhl. Direkt vor der Nase. Besser noch, man fährt selber Wasser-Lift. Touren mit einer Hamburger Barkasse starten am Vorhafen.

Die Anlage ist ein technisches Wunderding, offiziell Doppel-Senkrecht-Schiffshebewerk genannt. Doppelt, weil es zwei Fahrstühle gibt. Sie hängen zwischen je vier Führungstürmen aus Beton, die krass im Kontrast zur sonst lieblichen Landschaft stehen. Acht Jahre hat man an dem Meisterstück gebaut. Ob mit oder ohne Schiff – die Last, welche die Seile zu tragen haben, ist immer gleich, denn beim Einfahren in den Trog verdrängen die Frachter so viel Wasser, wie sie selber wiegen. 20.000 Kapitäne nutzen jährlich den gigantischen Fahrstuhl.

Aber er ist ein Nadelöhr. Man weiß ja, wie das nervt, auf den Lift zu warten. In Scharnebeck werden die Wartezeiten immer länger. Mehr Schiffe als erwartet, längere Schubverbände. Die Badewanne hat nur 100 Meter Länge. Neue Fahrstühle sollen gebaut werden. 225 Meter lange Tröge sind vorgesehen. Nach Bundesverkehrswegeplan stehen 270 Millionen Euro bereit. Ob man wie geplant 2030 fertig wird?

Adresse Adendorfer Straße 44 (Parkplatz), Am Unteren Vorhafen (Barkassen-Anleger), 21379 Scharnebeck | **Anfahrt** auf der A 38 und der B 4 nach Lüneburg, weiter auf der B 209, an der Ausfahrt Lüne-Moorfeld rechts in die Erbstorfer Landstraße Richtung Scharnebeck, nach der Kanalbrücke halb links zum Schiffshebewerk (ausgeschildert) | **Barkassen-Fahrzeiten** Mai – Anfang Okt. Mi – So 11 Uhr, Di – So 15 Uhr | **Tipp** Der Inselsee mit hufeisenförmigem Sandstrand lockt gleich neben dem Kanal zum Baden (über die Straße am Hebewerk, nächste rechts, wieder rechts).

78 Der European XFEL
Röntgenblitze für die Nobelpreise von morgen

Hier ist das andere Ende. In Hamburg-Bahrenfeld gehen die ultraschnellen Blitze auf die Reise, westlich der Stadtgrenze kommen sie an. Dazwischen liegt ein Tunnel von 3,4 Kilometer Länge, teils 38 Meter tief, durch den die Röntgenlaserblitze jagen. 27.000-mal in der Sekunde! Milliardenfach heller als die der besten Röntgenstrahlenquellen herkömmlicher Art. Im Schenefelder Campus machen Forscher in unterirdischen Arbeitsräumen mit dem Licht ihre Experimente. Als »Elbphilharmonie der Forschung« hat Hamburgs Wissenschaftssenatorin die Anlage nach acht Jahren Bauzeit bei der Eröffnung gepriesen. Mit 1,2 Milliarden Euro war sie sogar noch teurer. Oberirdisch sieht man nur Bürogebäude, die auch ein Finanzamt sein könnten.

Der European XFEL (X-Ray Free-Electron Laser, Freie-Elektronen-Laser mit Röntgenlicht) ist ein internationales Projekt. Größte Geldgeber sind Deutschland mit 58 und Russland mit 27 Prozent. Angela Merkel und Wladimir Putin haben sich persönlich reingehängt. Weitere Partner sind Dänemark, Frankreich, Großbritannien, Italien, Polen, Schweden, die Schweiz und die Slowakei, Spanien und Ungarn. »Der European XFEL sendet nicht nur ultrakurze Lichtblitze aus, er sendet auch klare Signale für Völkerverständigung und Frieden«, so Hamburgs früherer Bürgermeister Olaf Scholz. 300 Mitarbeiter sind am Campus beschäftigt. Aus allen Teilen der Welt reisen nun Physiker, Chemiker und Biologen an, um ihre Forschungen voranzutreiben.

Der Röntgenlaser liefert ihnen dreidimensionale Detailaufnahmen von Molekülen, Zellen, Viren, chemischen Prozessen. Neue Erkenntnisse zur Energiegewinnung sind denkbar. Verbesserte Methoden zur Behandlung von Alzheimer und Parkinson. Arzneien, die Antibiotikaresistenzen überwinden. Gelänge es, zu filmen, was bei der Bildung von Krebszellen schiefläuft, könnte man vielleicht in weiteren Schritten Medikamente dagegen entwickeln.

Adresse Holzkoppel 4, 22869 Schenefeld, Tel. 040/89983616 | **Anfahrt** auf der B 431 Richtung Wedel, auf Höhe von Blankenese rechts in die Schenefelder Landstraße und Blankeneser Chaussee, rechts in den Osterbrooksweg, rechts in die Straße Holzkoppel | **Öffnungszeiten** Tag der offenen Tür unter www.xfel.eu/besucher, ein Besucherzentrum ist geplant | **Tipp** Nicht so berechenbar wie die Blitze, kann aber auch teuer werden: Roulette und Poker im Casino Schenefeld, einem von fünf Spielcasinos in Schleswig-Holstein (in der Shopping-Mall »Stadtzentrum«, Industriestraße 1, den Osterbrooksweg geradeaus über die Altonaer Chaussee).

SEESTERMÜHE

79 Die Eschschallen
Wo Tüpfelsumpfhühner brüten

Bald alle Niederungen der Unterelbe sind bis dicht ans Wasser eingedeicht. Wie es im Urstromland tatsächlich einmal ausgesehen hat, lässt sich noch auf einem fünf Kilometer langen Streckenabschnitt zwischen den Mündungen der Flüsse Krückau und Pinnau studieren. Die Eschschallen sind undurchdringliches und dynamisches Elbvorland. Betreten strengstens verboten! Aber vom Deich aus hat man einen guten Einblick.

Die natürliche Flussuferlandschaft mit ihren Süßwasserwatten fällt im Rhythmus der Tiden zweimal am Tag trocken und wird zweimal geflutet. Bei Extremhochwasser ist sie mehrmals im Jahr sogar gänzlich überschwemmt. Teile des 500 bis 800 Meter breiten Streifens wurden früher auch landwirtschaftlich genutzt. Jetzt sind sie sich selbst überlassen. Pappeln und Weiden stehen in den Eschschallen. Schilfröhricht biegt sich im Wind, und Wasserschwaden werden bis zu zwei Meter hoch. Nur noch hier auf der Welt wächst Wibels Schmiele, ein Süßgras. Botaniker kommen von weit her, um es zu sehen. Zwergschwäne rasten im Winter in den Eschschallen, Kormorane machen Station, Tüpfelsumpfhühner brüten. Vor einigen Jahren nistete ein Seeadlerpaar im Naturschutzgebiet, das einen Jungvogel aufzog. In den Flachwasserbereichen und Watten leben viele Kleinstorganismen, die durch ihre biologischen Aktivitäten zur Selbstreinigung des Wassers beitragen. Schlammröhrenwürmer, Flussruderkrebse und Zuckmückenlarven sind wichtige Nahrung für Vögel und Fische. Diese nutzen das Wasser der Pagensander Nebenelbe als wichtiges Rückzugs- und Brutgebiet.

Auch der Erzengelwurz mag die Eschschallen. Die Pflanze wird bis zu drei Meter hoch. Ihr werden heilende Kräfte zugeschrieben, nach einer Sage soll der Erzengel Raphael davon berichtet haben. Deshalb wurde sie früher oft in Klostergärten kultiviert. Sie galt als sicheres Mittel gegen Hexen.

Adresse Bauerndamm, 25371 Seestermühe | **Anfahrt** von der A 23 (Ausfahrt Tornesch) nach Tornesch, hier rechts nach Heidgraben und Klein Nordende, geradeaus über die Straßen Klein Sonnendeich und Groß Sonnendeich in die Dorfstraße, bis Achtern Diek, links und wieder rechts in die Straße Bauerndeich, bis zum Deich | **Tipp** Das Teehaus von Gut Seestermühe steht am Ende einer 700 Meter langen, vierreihigen Lindenallee (Schulstraße 15).

80 — Der Pagensand
Zeckenzange nicht vergessen!

Auf zum Bananensand! Dort erleben Sabine und Susanne, Bastian und Florian, Heike und Heiko, Goldhamster Husch und Kater Bandit die besten Abenteuer. »Die Acht vom großen Fluss« nennt sich die Bande, und so heißt auch die Reihe der Kinderbuchautorin Gabriele Kuhnke. Sie lebt in Sommerland in den Elbmarschen. Die Insel Pagensand ist die Vorlage für den Bananensand.

Der Pagensand, dessen größter Teil zur Gemeinde Seestermühe gehört, war eine Sandbank in der Elbe. Bis man anfing, den Fluss zu vertiefen. So viel ausgebaggerter Schlick wurde aufgespült, dass die Insel jetzt fünfmal größer ist: sechs Kilometer lang und einen Kilometer breit. An der westlichen Inselseite verläuft das Hauptfahrwasser der Elbe. Auf den aufgespülten Flächen hat sich eine Landschaft mit Heide und Dünen entwickelt. Im Süden wurde Wald gepflanzt. Seeadler kommen zur Jagd. Karmingimpel, seltene Zugvögel, sind gesehen worden. Blaukehlchen brüten. Zecken gibt es auch. Pagensand war früher Naherholungsgelände, ist jetzt Naturschutzgebiet. Sehnsuchtsort. Aber der Zugang ist streng reguliert. Der Vogelwart darf kommen. Ein paarmal im Jahr führt er Interessierte vorbei an Birken, Pappeln und Brombeerdickicht auf schmalen Pfaden über die Insel. Fünf kleine Uferabschnitte dürfen mit Booten angefahren werden. Nicht motorisierten Wasserwanderern ist es an zwei Stellen erlaubt, für eine Nacht zu zelten. Feuermachen ist verboten, Müll wird selbstverständlich mitgenommen – auch Plastiktüten, Getränkedosen, Fastfood-Verpackungen, die vielleicht angeschwemmt wurden. Mit den Kanuten haben die Naturschützer sehr positive Erfahrungen gemacht.

Bis 1998 stand noch ein Bauernhof mit Gaststätte auf der Insel. Für die Kinder der Pächterfamilien kam zweimal wöchentlich ein Lehrer per Boot. Das Vieh war der beste Landschaftspfleger.

Immer wieder ist ein »Wildnis-Projekt« im Gespräch. Man will ganzjährig herrenlose, robuste Weidetiere ansiedeln.

Adresse Pagensand, 25371 Seestermühe | **Anfahrt** ab dem Hafen Haseldorf fährt der Tiedenkieker (siehe Ort 86) zum Pagensand; von der B 431 in Holm nach Hetlingen und Haseldorf, über die Hauptstraße in die Straßen Deichreihe und Scholenfleth, links in die Straße Achtern Dörp, links in die Hafenstraße | **Öffnungszeiten** Termine unter www.elbmarschenhaus.de | **Tipp** Vom Westufer zu sehen, auf der anderen Seite des Elbefahrwassers: der Schwarztonnensand, eine weitere Vogelinsel. Auch sie ist durch Aufspülungen entstanden.

81 Die Latrinenbaracke
Neben ihr wurden die Toten gestapelt

Trotz aller Grausamkeiten, die ihm angetan wurden, findet Pierre Vignes noch ein gutes Wort. Der französische Widerstandskämpfer erinnert sich an jenen Oktobertag 1944, als man ihn vom Konzentrationslager Hamburg-Neuengamme ins Außenlager Kaltenkirchen brachte. »Wir kommen am Bahnhof an, man treibt uns aus dem Zug Richtung Lager. Wir waren in Zebrakleidern. Zivilisten standen am Straßenrand. Da war eine Dame mit einem kleinen Jungen, er muss uns für Feinde gehalten haben. Er hob einen Kieselstein auf und wollte ihn auf uns werfen. Die Mutter hat seinen Arm angehalten. Nicht alle Deutschen waren Schweinehunde.« Auch der Häftling Richard Tackx, ebenfalls Franzose, hat im Schrecklichen Herzenswärme erfahren. Bei einem Fliegeralarm kann er flüchten. Hertha Petersen im nahen Dorf Springhirsch versteckt ihn. Sie riskiert die Todesstrafe.

Richard Tackx, gelernter Tischler, zimmerte im Lager die Särge zusammen. Er leitete zudem das Beerdigungskommando. Jeden Tag schleppten die Gefangenen, die auf dem Militärflughafen Kaltenkirchen die Landebahn verlängern mussten, tote Mithäftlinge zurück ins Lager. Erschossen oder erschlagen bei der Arbeit. Gestorben an der Ruhr aufgrund katastrophaler Hygieneverhältnisse. Vor Entkräftung tot umgefallen, weil man mit Wassersuppe und einer Scheibe Brot schwer überleben konnte. Zum Zählappell am Abend mussten die Leichen mitgeschleift werden. Dann wurden sie neben der Latrinenbaracke gestapelt. Nachts kamen die Ratten. Am Morgen schaffte das Beerdigungskommando die »Abgänge« fort. Die Särge wurden meist nur zum Transport der entkleideten Toten verwendet. Am Begräbnisort hat man sie in eine Grube gekippt. Der Befehl des Lagerkommandanten: »Weg mit dem Dreck!«

700 Männer kamen ums Leben. Vom Lager ist nur die Latrinengrube erhalten. 1997 hat man sie unter Gestrüpp entdeckt und zwei Jahre später mit dem Aufbau der Gedenkstätte begonnen.

Adresse an der B 4, 24568 Nützen-Springhirsch, Tel. 04191/723428 | **Anfahrt** von der A 7 (Ausfahrt Kaltenkirchen/Elmshorn) über die Kaltenkirchener Straße nach Lentföhrden, links in die Kieler Straße (B 4), nach 4 Kilometern auf der linken Seite (ausgeschildert) | **Öffnungszeiten** März–Okt. Di–Sa 10–18 Uhr, So 11–17 Uhr, Nov.–Feb. Di–Sa 10–16 Uhr | **Tipp** Hungerstein. Folterstein. Sargstein. Die künstlerische Gestaltung des KZ-Geländes hat der Hamburger Bildhauer Ingo Warnke geschaffen.

82 Die Hafencity
Gibt's nicht nur in Hamburg

Als »größtes Honigglas der Welt« ist das Gebäude schon belächelt worden. Um Denkmalschutz und moderne Architektur in Einklang zu bringen, hatten sich die Planer etwas einfallen lassen: In das 22 Meter hohe Stahlgerippe des alten Gasometers der Stadtwerke haben sie einen Glaskörper gesetzt. Auf zwei Parkdecks und einer Ebene für Technik und Stauräume für die Mieter sind auf sechs Etagen 36 exklusive Wohnungen entstanden. Zwischen 63 und 165 Quadratmeter groß. Beste Ausstattung und beste Preise. Für beste Lage: In der Mehrzahl haben die Apartments Blick auf den Stadthafen und den historischen Hansehafen sowie auf die Altstadt.

Das Honigglas am nordwestlichen Ufer der Schwinge, die später in die Elbe mündet, ist eines der Schöner-Wohnen-Highlights der neuen Hafencity. Früher wurden im Stadthafen Kohle und Koks aus dem Ruhrgebiet, schwedischer Granit und das Obst aus dem Alten Land umgeschlagen. Das ist lange her. Auch die Fabriken auf dem angrenzenden Gelände der Salztorvorstadt sind verschwunden. Die Schiffswerft. Die Norddeutsche Lederfabrik. Das Dampfsägewerk Hagenah-Borcholte. Die Stadt hat Millionen in das Sanierungsgebiet investiert für neue Kaimauern, Straßen, Kanäle, Grünflächen und Spielplätze. Private Investoren haben die zehnfache Summe in Wohn- und Bürokomplexe, ein Hotel und ein Kinocenter gesteckt.

Gegenüber dem Honigtopf steht auf der anderen Wasserseite entlang des Kommandantendeiches und des weiteren Verlaufs der Schwinge eine Mischbebauung mit wechselnden Fassaden aus Elbsandstein, Glas und roten Klinkern. Gebäude, die den Wasserlauf überkragen, unterstreichen das maritime Flair. Motor- und Segelboote liegen am Kai, der neue Flaniermeile ist. Der Hafenmeister hat eine ausrangierte Schiffsbrücke als Wachtposten bekommen. »Erste Stadt kopiert unsere Hafencity!«, titelte die Hamburg-Ausgabe der BILD. Etwas überschaubarer ist es schon.

Adresse Harschenflether Weg und Kommandantendeich, 21682 Stade | **Anfahrt** von der A 7 (Ausfahrt Hamburg-Heimfeld) auf der B 73 nach Horneburg, hier auf der A 26 nach Stade (Ausfahrt Stade-Süd), halb rechts in die Harburger Straße, rechts in die Straße Hansebrücke, rechts auf den Salztorswall, zum Hafen an der Hansestraße | **Tipp** Im Holzhafen südlich der Brücke lagerten aus Skandinavien importierte Baumstämme früher jahrelang im Wasser, bevor sie bearbeitet wurden.

STADE

83 Das Heino-Hintze-Haus
Nur ein Reeder konnte sich das leisten

Für den Glasermeister muss es ein einträgliches Geschäft gewesen sein. Wohl auch ein mühsames. 354 Scheiben für die Sprossenfenster schneiden. 354-mal einpassen. 354-mal verkitten. Das Heino-Hintze-Haus am alten Hansehafen, auch Bürgermeister-Hintze-Haus genannt, ist nicht nur wegen der vielen Fenster das auffälligste in der Häuserreihe. Der weiße Stuck an der sonst rosa gestrichenen Fassade wirkt, als habe sich hier ein Zuckerbäcker ausgetobt. Sieben Türmchen, Miniatur-Obelisken gleich, streben auf dem abgetreppten Prunkgiebel in die Höhe. Das hat sich Heino Hintze was kosten lassen.

Der Kaufmann und Reeder war Anfang des 17. Jahrhunderts Eigentümer des Hauses und Bürgermeister der Stadt, die er 29 Jahre regierte. 1621 ließ er das Kaufmannshaus mit der Zierfassade verblenden. Fachleute erkennen darin die Dekorationsarchitektur der Weserrenaissance. So bonbonbunt ist das Haus damals nicht gewesen. Aber die tropfenden goldenen Buchstaben und Ziffern, die das Baujahr kennzeichnen, gab es von Anfang an. Die beiden grotesken Maskenkonsolen oberhalb des Portals auch. Das tiefe Grundstück, zum Wasser nur achteinhalb Meter breit, war nach hinten 23 Meter weit überbaut. Eine Diele reichte über die ersten beiden Geschosse. Über einen schmalen Gang waren abgeteilte Kammern zu erreichen.

Die Feuerkatastrophe vom 26. Mai 1659, die zwei Drittel der Stadt zerstörte, hat das Heino-Hintze-Haus wie durch ein Wunder überstanden. Das Wasser hat ihm den Garaus gemacht.

Weil der Hafen früher nicht durch ein Sperrwerk vor den Sturmfluten der Elbe geschützt war, war in den Hafenbereichen Wasser West und Wasser Ost immer wieder Land unter. Die Gebäudesubstanz durchfeuchtete. 1930 war das Haus so wenig standfest, dass es abgebrochen werden musste. Die Fassade hat man mit gesichertem alten Material 1932 wiederaufgebaut, den Neubau dahinter um ein Drittel verkürzt.

Adresse Wasser West 23, 21682 Stade | **Anfahrt** von der A 7 (Ausfahrt Hamburg-Heimfeld) auf der B 73 nach Horneburg, hier auf der A 26 nach Stade (Ausfahrt Stade-Süd), halb rechts in die Harburger Straße, rechts in die Straße Hansebrücke, rechts auf den Salztorswall, bis zum Stadthafen, großer Parkplatz, zu Fuß zur Altstadt | **Tipp** Die Kanonen hinterm Museum Schwedenspeicher (Wasser West 39) wurden zuletzt am 16. Februar 1962 abgefeuert, um die Bürger vor der Sturmflut zu warnen.

STADE

84 Das Knechthausen
Mit Eierbier immun gegen Lepra und Pest

Dieses Gesöff muss man sich erst einmal geben: Man bringt zwei Liter dunkles Starkbier mit Zimt und Zitronenschale zum Kochen. Schlägt vier Eier mit 150 Gramm Zucker zu einer schaumigen Masse und rührt diese vorsichtig in das Bier (Rezept für vier Personen). Heiß servieren! Tatsächlich mochten die Brauerknechte das Eierbier äußerst gerne. Der regelmäßige Konsum mache immun gegen Krankheiten, hieß es. Heute ist das Gebräu in einigen Regionen noch als Heilmittel bei Erkältungen bekannt.

Bier war ein wichtiges Handelsgut der Hanse und die Gilde der Brauerknechte eine mächtige Interessenvertretung. Das Knechthausen mit der blauen Aufzugsluke im ersten Obergeschoss wird erstmals 1491 als ihr Sitz erwähnt. Zwei Jahrhunderte später kauften die Knechte das Nachbarhaus hinzu und verbanden die Gebäude innen miteinander. Das Ensemble soll das älteste Gasthaus des Nordens sein und ist immer noch ein Restaurant. Der an die Rückseite beider Häuser anschließende Fachwerkbau hat eine hohe Diele, von den Brauerknechten »Rosenort« genannt. Hier tagten und tafelten sie. Auch die Leprosenschau soll hier stattgefunden haben.

Lepra ist zum Ende des Mittelalters weit verbreitet. Die Kranken sind gefürchtet, Aussätzige, die vor den Toren der Stadt hausen müssen. Einmal im Jahr wird überprüft, ob sie geheilt sind und wieder in der Gemeinschaft wohnen dürfen. Die Brauerknechte sind ausersehen, das zu entscheiden. Wegen des Eierbiers sind sie ja gegen Ansteckungen gewappnet. Trommler kündigen die Leprakranken an, die im »Rosenort« begutachtet werden. Auch bei den Pestwellen, die Stade überrollen, sind die Brauerknechte gefragt. Sie begraben Tausende Opfer in den Pestkuhlen, weil niemand sonst die Toten anfassen mag. Sie erhalten daraufhin das Privileg des Totentragens. Bis heute helfen Mitglieder der Gilde im schwarzen Gewand mit weißem Beffchen, in Schnallenschuhen und mit Dreispitz ehrenamtlich als Sargträger.

Adresse Bungenstraße 20–22, 21682 Stade, Tel. 04141/5296360 | **Anfahrt** von der A7 (Ausfahrt Hamburg-Heimfeld) auf der B73 nach Horneburg, hier auf der A26 nach Stade (Ausfahrt Stade-Süd), halb rechts in die Harburger Straße, rechts in die Straße Hansebrücke, rechts auf den Salztorswall, bis zum Stadthafen, großer Parkplatz, zu Fuß in die Straße Wasser West, geradeaus in die Bungenstraße | **Öffnungszeiten** Di–Sa 18–21 Uhr (Restaurant) | **Tipp** Haus Nummer 18 gehörte einem vermögenden Brauer, dann einem Senator. Hinter dem Putz der Prunkfassade verbirgt sich Fachwerk.

STADE

85 _ Das Milliardengrab
Der Rückbau des Atommeilers dauert immer länger

Bis dicht an den Zaun des Betriebsgeländes reicht die Apfelbaumplantage. Die weißen Blüten vermögen aber nicht, die Schäbigkeit des Kernkraftwerks zu verbergen. Schmutzig grau wölbt sich die charakteristische Betonkuppel neben dem Schlot, dahinter fließt die Elbe. Das stählerne Rolltor über der Zufahrtsstraße ist halb geöffnet. Geschrei von Möwen über alldem. Fünf Jahre hatte man gebraucht, um den Atommeiler zu bauen. Nach seiner Stilllegung wird es 20 Jahre dauern, bis er abgerissen ist. 150 Millionen Euro hat die Anlage gekostet. Für den Rückbau wird mit einer Milliarde Euro kalkuliert. Mindestens.

Lange war das rot leuchtende Display in der Steuerzentrale von Trauerflor umrahmt, den Mitarbeiter angebracht hatten. »+0« zeigte das Kontrollgerät an. Null Megawatt Leistung. Am 23. November 2003 um 8.31 Uhr hat man den Reaktor abgeschaltet. Nicht wirtschaftlich, sagte der Betreiber. Ein Jahr zuvor hatte die damals rot-grüne Bundesregierung den Atomausstieg in kleinen Schritten beschlossen. Zwar setzte die Atomwirtschaft bei der folgenden schwarz-gelben Koalition eine Verlängerung der Laufzeiten durch, aber seit der Nuklearkatastrophe von Fukushima ist es ab 2022 endgültig vorbei mit der Kernkraft. Deutliches Zeichen der Energiewende sind die Windräder überall.

Von außen sieht man nichts in Stade. Aber die Brennelemente sind längst ausgebaut, die Dampferzeuger zum Entsorger nach Skandinavien verschifft, der Reaktordruckbehälter demontiert. 2015 wollte man fertig sein. Ein Jahr zuvor entdeckte man im Sockel des Meilers radioaktives Wasser, nun heißt es, erst 2026 könne hier wieder grüne Wiese sein. Ganz so grün wird sie vorerst nicht. Weil ein Endlager fehlt, müssen verstrahlte Abfälle, die man nicht dekontaminieren kann, in Containern und einem Spezialbau auf dem Gelände zwischengelagert werden. Die Deponie hat eine Betriebserlaubnis bis 2046.

Adresse Ende der Bassenflether Chaussee, 21683 Stade | **Anfahrt** von der A 26 (Ausfahrt Stade-Ost) Richtung Drochtersen/Wischhafen, an der 1. Kreuzung rechts in die Straße Speersort, halb links in die Bassenflether Chaussee | **Tipp** Nur wenige Kilometer flussabwärts liegen der Seaport Stade und die Industriegebiete Bützfleth und Brunshausen, Standorte der petrochemischen Industrie und von Logistikern.

STADE

86 — Der Tidenkieker
Mit dem Safari-Schiff in verwunschene Winkel

Bishorst ist untergegangen! Aber Spuren des Dorfes sind wiederaufgetaucht. Der Lehrer Wilhelm Steffen notiert 1934: »Ein Sarg wurde bloßgespült. Wenn Knaben gebadet haben, so haben sie allerhand Totengebeine gefunden.« Die Kirche soll schon bei der Allerheiligenflut 1532 eingestürzt sein. Trotzdem blieben noch Menschen hier. 1745 wieder ein verheerendes Unwetter. Ein Gutsverwalter schreibt: »Nur noch die wilde See haben wir um uns. Mein Gemüt ist ganz erkrankt. Bishorst ist gänzlich verloren. Die Häuser müssen abgebrochen werden.« Im September 1751 reißt eine Flut die letzten Katen weg. Bishorst ist ausgelöscht.

Das Dorf ist versunken im Elbstrom. Zwischen Haseldorf und der Pinnaumündung muss es gelegen haben. Eine Gruppe zäher Eschen am Ufer könnte den erhöhten Dorfkern markieren. Auf der anderen Seite der Binnenelbe ist die Elbinsel Bishorster Sand geblieben. Dazwischen tuckert der Tidenkieker über das Atlantis der Elbe hinweg. Das grasgrüne Flachbodenschiff mit dem grüßenden Seebären im Ausguck steuert zwischen den Schlickbänken der Niederelbe hindurch. Wegen seines extrem geringen Tiefgangs kann es Winkel erreichen, die sonst nicht zugänglich sind. Meist startet das Schiff von Stade aus. Sonst von Wischhafen, Glückstadt, Krautsand und Haseldorf. Es gibt viel zu gucken, zu kieken. Seehunde, die sich auf der Sandbank Brammer sonnen. Die Schilfparadiese im ehemals größten Süßwasserwatt Europas. Die stillen Buchten und Strände der Inseln. Die Elbe-Safaris sind möglich, weil das Boot auch voll besetzt nur 50 Zentimeter eintaucht. Über eine Gangway am Bug gelangen die Fahrgäste an Land.

Der mächtige Puls des Meeres, die Tide, bestimmt den Fahrplan. Birkenstämmchen, die Pricken, markieren die schmale Fahrrinne. Aber selbst dem erfahrensten Kapitän könnte es passieren, dass der Tidenkieker im Sand aufsitzt. Kein Problem. Nach einer Weile steigt das Wasser wieder.

Adresse Stadthafen, 21682 Stade, Tel. 04141/776980 und 04129/95549490 | **Anfahrt** von der A 7 (Ausfahrt Hamburg-Heimfeld) auf die B 73 nach Horneburg, hier auf der A 26 nach Stade (Ausfahrt Stade-Süd), halb rechts in die Harburger Straße, rechts in die Straße Hansebrücke, rechts auf den Salztorswall, bis zum Stadthafen | **Fahrzeiten** unter www.tidenkieker.de | **Tipp** Durch das Reich der Brachvögel und Wollgräser im Kehdinger Moor steuert die Torfbahn Moorkieker. Start ist beim Humuswerk in Drochtersen-Aschhorn (geöffnet April–Okt. jeden 1. und 3. So 10–13 Uhr, Tel. 04141/7769811).

STEINKIRCHEN

87 — Die Brauttür
Nur zur Hochzeit und im Todesfall geöffnet

Stolz stehen eindrucksvolle Bauernhäuser an Straßen und Deichen. Den Wirtschaftsteil zur rückwärtigen Apfelplantage ausgerichtet, zur Hufe (siehe Ort 52). Den Wohnteil zur Straße hin. Steile, mehrfach auskragende Schmuck- oder Schaugiebel sind charakteristisch. Sie waren Ausdruck des wirtschaftlichen Erfolgs der Bauherren. Zwischen weiß gestrichenen Balken haben Handwerker Ziermauerwerk eingearbeitet mit geometrischen Ziegelmustern, die an Stickschablonen erinnern. Sinnbilder sind hervorgehoben. Eine Sonne als Lebenssymbol. Ein Besen, der das Haus vor Gefahren schützen soll. Eine Wiege, die die Sehnsucht der Bewohner nach einem Hoferben ausdrückt. Als farblicher Kontrast dazu die bunt bemalten Brauttüren. Ursprünglich waren sie nur von innen zu öffnen.

Die Türen sind ein- oder zweiflügelig, in Grün- und Blautönen gestrichen, verziert mit Schnitzereien. Auf dem Türbalken, der ein Oberlicht abtrennt, befindet sich ein Medaillon mit den Namen der Hausbesitzer. Hinter der Tür lag das sogenannte Kammerfach, die Schatzkammer des Hauses. Mal bestand sie aus einem Raum, mal aus mehreren Kammern zu beiden Seiten eines breiten Ganges. Koffergang wurde er genannt, hier standen die Truhen mit den wertvollsten Kostbarkeiten der Familien.

Nur zu zwei Gelegenheiten hat man die Türen geöffnet. Vornehmlich wenn Hochzeit war. Wenn der Bräutigam die Braut über die Schwelle trug und man die Truhe mit der Mitgift in die Kammer schleppte. Aber auch im Todesfall, wenn ein Familienmitglied aus dem Haus getragen wurde. Der Tote nahm auf diesem Weg symbolisch Abschied von den irdischen Schätzen. Auch im Notfall durfte die Tür geöffnet werden. Wenn der Dachstuhl in Flammen stand, das brennende Reet schon über die Dachtraufe rutschte, war die Brauttür an der Giebelseite noch der sicherste Ort. Der Altländer Filigranschmuck und die Trachten aus der Kofferkammer konnten so gerettet werden.

Adresse Bürgerei 15, 21720 Steinkirchen | **Anfahrt** von der A7 (Ausfahrt Hamburg-Waltershof) Richtung Finkenwerder/Cranz, weiter nach Grünendeich, links in die Straße Huttfleth, über den Obstmarschenweg bis zur Straße Bürgerei | **Tipp** Nur ein paar Schritte weiter: die Brauttür von Adele und Jacob Kolster, Bürgerei 27.

STEINKIRCHEN

88_ Die Häuslerkate
Landarbeiter wohnten auf dem Deich

Wenn da mal nichts rutscht! Reichlich windschief steht das Buntklinkerhaus mit Ziermauerwerk an der Deichkrone oberhalb des Flüsschens Lühe. Auffällig ist der Giebel, der mit Dachüberstand weit über die westliche Wand ragt. Zum Wasser hin ist das Fundament deutlich erhöht. Zwei Parteien haben hier gewohnt, jedenfalls gehen zwei Klönschnack-Türen, plattdeutsch Klöndör genannt, zum Fußweg hinaus. Ein Treppchen führt den Deich hinunter zum Steg.

Die Häuslerkate ist ein Zeugnis des Feudalismus. Für die niedere Arbeit auf dem Hof und den Äckern brauchten die Bauern Personal, das sogenannte Gesinde. Der Gesindedienst begann oft schon im Alter von zwölf Jahren oder früher. Die späteren Mägde und Knechte lebten – solange sie unverheiratet waren – auf dem Bauernhof. Die Mehrzahl der Landbewohner hatte keine eigene Wohnung. Wenn nun die Handlanger einen eigenen Hausstand und Familie gründen wollten, hat ihr Herr ihnen oft ein kleines Haus und vielleicht sogar etwas Land für die Selbstversorgung zur Verfügung gestellt. Jetzt waren sie die Häusler oder auch Häuslinge. Als Gegenleistung arbeiteten sie weiter auf dem Hof des Bauern mit. Da sich an den Dorfstraßen schon die Anwesen der Landwirte reihten, wurden die Unterkünfte der Häusler abseits errichtet. Entlang der Lühe und der Este, gerne auf dem Deich.

Häusler zu sein galt als sozialer Aufstieg. Vollwertige Mitglieder der Dorfgemeinschaft waren sie aber nicht. Sie hatten kein Pferd und keinen Arbeitsochsen, vielleicht ein paar Hühner und ein Schwein. Eine schlichte Stube, die gleichzeitig Schlafkammer war, offenes Feuer in der Küche. Um neben ihrer Arbeit Geld zu verdienen, haben viele ein Handwerk ausgeübt. In den Katen stand ein Webstuhl, oder es wurden Holzschuhe geschnitzt. Dass die Kate in Steinkirchen tatsächlich ins Rutschen gerät, scheint übrigens ausgeschlossen. Schließlich steht sie schon 300 Jahre.

Adresse Bergfried 2, 21720 Steinkirchen | **Anfahrt** von der A 7 (Ausfahrt Hamburg-Waltershof) Richtung Finkenwerder/Cranz, weiter nach Grünendeich, links in die Straße Huttfleth, nach Steinkirchen, vom Alten Marktplatz vor der Brücke geradeaus in die Straße Bergfried | **Tipp** Elisabeth Flickenschildt, Theater- und Filmschauspielerin aus Blankenese, kaufte 1976 den Hof Bergfried 21. Nur ein Jahr später starb sie.

STEINKIRCHEN

89 Die Heinrich-Statue
Ohne ihn wäre das Alte Land noch Sumpf

Malaria hat es auch in Deutschland gegeben. Epidemisch ist sie in Überschwemmungsgebieten an den Küsten und entlang der Elbe aufgetreten, Marschenfieber genannt. Dass junge, hübsche Frauen das Fieber wegtanzen konnten, ist eine nette Überlieferung, aber sicher nicht wahr. Es hat sie genauso geschüttelt wie jeden anderen, den es erwischte. Drei Tage kalter Fieberwahn, niederdeutsch Drüttdagsfever genannt. Chinin half dagegen, und man versuchte es mit Hausmittelchen, Gänseblümchen, Schafgarbe, Brennnesseln und Meerrettich in Branntwein.

Fischfreie, flache Gewässer waren für die Malaria-Mücke Anopheles ein idealer Brutplatz. Die sechs Millimeter große Anopheles ist immer noch heimisch, aber den Erreger gibt es nicht mehr. Auch dafür sei Priester Heinrich Dank. Mit »Heynricus und seinen holländischen Gefährten« schloss der Erzbischof von Hamburg und Bremen im Jahr 1113 einen Vertrag, das Elbesumpfland trockenzulegen und urbar zu machen. Heinrich war Benediktiner im Kloster Egmond in den Niederlanden, Landsleute hatten sich an ihn gewandt, auf der Suche nach neuen Siedlungsräumen. Der Mönch war Sprecher einer Gruppe tapferer Männer und ihrer Familien, die um 1130 anreisten. Die Fachleute holländischer Wasserbautechnik teilten das Alte Land in drei Meilen auf (siehe Ort 90), schaufelten Deiche, zogen Entwässerungsgräben. Der Ortsname Hollern ist Zeugnis dieser Siedlungsgeschichte. Mönch Heinrich ist die Symbolfigur der sogenannten Hollerkolonisation. Der Künstler Carsten Eggers hat die Bronzefigur modelliert, die nachdenklich vor der Kirche Sankt Martini et Nicolai hockt.

Die Siedler hatten für den Grund nur einen symbolischen Zins zu zahlen, einen Silberpfennig. Sie mussten zudem »die Abgabe des Zehnten vom Honig, von den Früchten des Feldes die elfte Garbe sowie von Lämmern, Ziegen und Gänsen auch ein Zehnmaß gehorsam für die Kirche beibringen«.

Adresse Ecke Kirchweg/Bürgerei, 21720 Steinkirchen | **Anfahrt** von der A 7 (Ausfahrt Hamburg-Waltershof) Richtung Finkenwerder/Cranz, weiter nach Grünendeich, links in die Straße Huttfleth, über den Obstmarschenweg bis zur Straße Bürgerei | **Tipp** Der Bäcker-Grabstein des Christoffer Kropff auf dem Kirchhof zeigt auf der Vorderseite links Vater und Sohn, rechts die Mutter mit vier Töchtern. Eine gekrönte Brezel mit zwei Rundstücken verziert die rückwärtige Seite.

STEINKIRCHEN

90 Die Hogendiekbrücke
Holland-Nostalgie über der Lühe

Früher war das Alte Land vermoortes und versumpftes Marschgebiet. Mit Bruchwald bewachsen, die Sietlande genannt. Amphibien fühlten sich hier wohler als der Mensch. Die Sietlande waren den Kräften der Gezeiten von Nordsee und Elbstrom ausgesetzt. Sie galten als unbewohnbar. Bis Anfang des 12. Jahrhunderts die Holländer kamen, Deichbauer und Entwässerungsspezialisten mit viel Erfahrung in der Heimat. Die Kolonisten schaufelten Gräben, bauten Dämme, entwässerten das Land südlich des Elbeufers von West nach Ost. Dafür teilten sie die Region in drei Meilen auf. Der Begriff hat aber nichts mit dem Längenmaß Meile zu tun. Orientierungspunkte waren die drei Flüsse Schwinge, Lühe und Este, die nahezu im rechten Winkel auf die Elbe stoßen und in diese münden. Die erste Meile reicht von der Schwinge bei Stade bis zur Lühe, die zweite von der Lühe bis zur Este, die dritte von hier bis zur Süderelbe. Sie war die letzte Meile, die im 15. Jahrhundert kultiviert werden konnte.

Die 13 Kilometer lange Lühe war später, als das Land schon fruchtbar war, wichtiger Transportweg. Die Bauern konnten das empfindliche Obst auf dem Wasserweg schonender nach Hamburg schaffen als mit Pferdefuhrwerken über holpriges Kopfsteinpflaster. Die Waren wurden auf speziell für die schmale Lühe gebauten Jollen verschifft. Viele der Segler hat die kleine Sietas-Werft am Lühebogen in Grünendeich auf Kiel gelegt. Auch Ziegelsteine für Hamburg kamen über die Lühe. Und Meerrettich, für Spanien bestimmt.

In Steinkirchen überspannt die Hogendiekbrücke (Hoher-Deich-Brücke) die Lühe. Die typische Holländerbrücke ist eine Reminiszenz an die Zeit der Kolonisten. Vor wenigen Jahren hat man die morsch gewordene Holzkonstruktion ersetzt. Die neue Brücke sieht optisch aus wie die alte. Hochklappen kann man sie aber nicht mehr. Die Ketten sind erhalten geblieben. Mit ihnen Hunderte Schlösser, die Verliebte angebracht haben.

Adresse Bürgerei, Höhe Haus Nummer 43, 21720 Steinkirchen | Anfahrt von der A 7 (Ausfahrt Hamburg-Waltershof) Richtung Finkenwerder/Cranz, weiter nach Grünendeich, links in die Straße Huttfleth, über den Obstmarschenweg bis zur Straße Bürgerei, auf der linken Seite | Tipp Garteneinblick, Sportboote gucken: Ein schöner Weg führt über die Deichkrone bis zur Ortsmitte.

TORNESCH-ESINGEN

91 Der Möllnhof
Wenn ein Dorf zusammenhält

Die Trecker-Parade ist der Stolz der Schrauber, wie sie sich nennen. Der Zweizylinder-Ritscher 614, Baujahr 1958, von dem im Archiv der Ritscher-Freunde nur noch 16 Exemplare bekannt sind. Es wurden überhaupt nur 50 Stück gebaut. »Karlchen« haben sie ihn nach seiner Wiederbelebung getauft. Daneben der dreirädrige Ritscher N14, dessen Lenkstange über dem Motorblock liegt. Der Lanz Bulli, mit 775 Kilogramm ein Leichtgewicht. Zwölf Schlepper-Oldtimer stehen im Fuhrpark. Am Hanomag R 22 mit Speichenfelgen haben sie jahrelang gebastelt. Schrauber Pascal Vogt berichtet, in welchem Zustand sie den Trecker übernommen haben: »Alle Kabel der Elektrik waren brüchig. Die Reifen bis auf einen nicht mehr zu gebrauchen. Die Hinterradschutzbleche hatten fünf Zentimeter große Rostlöcher.« Jetzt strahlt der Hanomag wieder in seiner blauen Originallackierung mit weißem Schriftzug. Schon mehrfach war er der Star bei Filmaufnahmen des NDR.

Hinter dem sperrigen Namen »Gemeinschaft zur Erhaltung von Kulturgut in Tornesch von 1985 e.V.« versteckt sich ein Verein, der so nur möglich ist, weil Menschen sich in ihrem lokalen Umfeld engagieren. Weil sie gemeinsam anpacken, um etwas aufzubauen. In diesem Fall geht es darum, zu erhalten, was schnell vergessen wird. Was aber Vergangenheit erklärt und verstehen lässt. Die Esinger, Neuem aufgeschlossen, wollen Altes bewahren.

Landwirt Jürgen Mölln hat ein ehemaliges Wirtschaftsgebäude zur Verfügung gestellt. Auf 800 Quadratmetern auf zwei Etagen lässt sich allerhand präsentieren. Gesammelt hatten die Kulturgut-Freunde schon vorher. Der Klassenraum einer Dorfschule ist aufgebaut, eine Schuhmacherei. Die alte Schmiede. Die Werkstatt eines Reetdachdeckers. Die Schnapsbrennerei. Eine Torfbackmaschine. Immer mehr kommt zusammen. Die Trecker-Abteilung ist nur ein Teil des Museums. Wenn junge Kerle auf dem Hanomag ein Selfie machen, trifft Historisches auf Digitales.

Adresse Bockhorn 43, Zufahrt über Kaffeetwiete, 25436 Tornesch-Esingen, Tel. 04122/54146 | **Anfahrt** von der A 23 (Ausfahrt Tornesch) auf der Ahrenloher Straße nach Tornesch, nach der Bahnunterführung links in die Esinger Straße, links in die Straße Bockhorn, rechts in die Kaffeetwiete | **Öffnungszeiten** Mai–Juli, Sept.–Okt. jeden 1. So im Monat 14–17 Uhr | **Tipp** Der Ostermannsche Hof von 1738 ist das sogenannte Heimathaus, heute Veranstaltungszentrum (Riedweg 3).

92 Die Dieter-Bohlen-Idylle
»Mega-hammer-oberspießig«, würde er sagen

Wer das Dorf Tötensen über die B 75 erreicht, muss aufpassen, dass er nicht schon wieder draußen ist, bevor er ankommt. Ganze 1.200 Meter liegen zwischen den Ortsschildern an Dorfein- und Dorfausgang. Dazwischen der Laden einer Friseurmeisterin, eine Zahnarztpraxis, eine verlassene Tankstelle. Eine Werkstatt mit dem Slogan »Wir können Auto« am Ortsanfang und ein Mercedes-Gebrauchtwagen-Handel neben dem Handwerkermarkt am Ortsende. Das alte Hotel und griechische Gasthaus »Mythos« an der Ampelkreuzung ist jetzt das Kontor Königshof, ein Atelier für Design. Von den ionischen Säulen blättert der Putz. Früher sind viele Fremde in diesem Tempel abgestiegen und ein paar Tage geblieben. In der Hoffnung, dass sie den Pop-Titanen zu sehen bekommen, Dieter Bohlen, den prominenten Dorfbewohner. Die Pilger können jetzt im Wox-Hotel Quartier nehmen, das am Woxdorfer Weg gelegen ist. Dahinter spielt der FC Rosengarten auf Rasen und der Tennisclub auf Sand.

»Wie muss eigentlich ein Dorf aussehen, das Dieter Bohlen aushält?«, hat die WELT vor Jahren gefragt. Und dieses vorgefunden: »Äcker. Kohlfelder. Buchenwälder. Eine Landschaft wie die Werbekulisse einer Frühstücksmargarine.« Jedenfalls sieht's unten, wo Bauer Bernd Stemmann im Hofladen Hausmacherwurst und Rapsöl verkauft, aus wie in einem Dorf. Dort, wo der Metzendorfer Weg einen Hügel erklimmt, beginnt eine andere Welt. Hier haben die Grundstücke breite Zufahrten für große Autos, und hinter dichten Eiben- und Buchsbaumhecken verbergen sich ausladende Walmdach-Villen. Auch die des Produzenten und Großschreiers Bohlen. »Hinter den Kulissen« hat er eine seiner Intim-Beichten genannt, die Bestseller wurden. Hinter hohen Toren eine Dreifach-Garage und eine rote Brücke über dem Teich im parkähnlichen Garten. Die Verpackung wohlhabender, hausbackener Bürgerlichkeit. »Mega-hammer-oberspießig«, würde Bohlen wohl sagen.

Adresse 21224 Rosengarten-Tötensen | **Anfahrt** von der A 7 (Ausfahrt Hamburg-Marmstorf) rechts und gleich links auf die B 75 bis Tötensen | **Tipp** Versteckt im Wald liegt der »Ginsterhof«, eine der ältesten Fachkliniken für Psychiatrie und Psychotherapie. 1932 hat der Arzt Armin Hof sie als privates Sanatorium eröffnet (Metzendorfer Weg 21).

93 Das Kloster Nütschau
Erleuchtung erleben!

»Gehen Sie rein!«, rät der eilige Mönch im Vorübergehen. »Von außen ist die Kirche wirklich nicht schön.« Dann dreht sich der fromme Mann noch einmal um und ruft: »Aber drinnen werden Sie staunen!« Tatsächlich ist Sankt Ansgar, erst 1974 gebaut, von außen ein trutziger dunkler Klotz mit Flachdach. Stünde er nicht auf Klostergelände, würde man hinter der Fassade vielleicht eine Waffenschmiede vermuten. Wer aber die Kirchentür öffnet, den nimmt die Lichtgestaltung sofort gefangen. Hier hat der Künstler Siegfried Assmann das Thema Erleuchtung erlebbar gemacht. Die Bleiverglasung nimmt die Farben der Natur in der Umgebung auf: das Blau des Wassers der Trave, das Dunkelbraun der Moorerde, die hellbraunen Töne von Feldsteinen. Die Farben verdichten sich zu kräftigen Rottönen, welche die Altarwand einrahmen. Sie ist aus Kunstharz und Glas gefertigt, zeigt in der Mitte einen herabsteigenden Christus. Sie strahlt in hellstem Licht, dabei ist kein einziger Scheinwerfer auf sie gerichtet. Der Mönch hat wahrhaftig nicht das Blaue vom Himmel versprochen.

Das Kloster Nütschau ist das nördlichste Benediktinerkloster Deutschlands. 1951 wurden aus der Abtei Gerleve bei Münster die ersten Mönche hierher geschickt, um sich um Kriegsflüchtlinge zu kümmern. Kurz zuvor hatte der Orden das Renaissance-Herrenhaus des einstigen Gutes Nütschau kaufen können, das auch heute noch Mittelpunkt der Klosteranlage ist. Daneben hat man 1999 das mächtige Konventgebäude gesetzt. Die Fenster in den Unterkünften der Mönche ähneln Schießscharten. Seminargebäude, Jugendhaus und Gästehaus ergänzen das Ensemble. 14.000 Besucher im Jahr nehmen im Kloster eine Auszeit.

Die Benediktiner in Travenbrück arbeiten in der Bildung und in der Forstwirtschaft, kümmern sich um Bäume selten gewordener Apfelsorten. Ein guter Teil der 19 Mönche ist unter 50 Jahre alt, Prior Johannes Tebbe ist Jahrgang 1973.

Adresse Schlossstraße 30, 23843 Travenbrück. Tel. 04531/50040 | **Anfahrt** von der A 21 (Ausfahrt Bad Oldesloe-Nord) in die Lindenstraße, rechts unter der Autobahn in die Schlossstraße (ausgeschildert) | **Öffnungszeiten** Gottesdienst Mo–Sa 6.30 Uhr Matutin, 7 Uhr Laudes, 11.45 Uhr Mittagsgebet, 17.30 Uhr Vesper und Eucharistie, 21 Uhr Komplet, So zusätzlich 9 Uhr Eucharistie, 17 Uhr nur Vesper | **Tipp** Das »Vater Unser« in 80 Sprachen! Der Glaskünstler Raphael Seitz hat die Stelen an der Klostereinfahrt gestaltet.

94 Das Haus von Gustgen
Goethe schrieb ihr innigste Briefe

Als im September 1774 »Die Leiden des jungen Werthers« erscheinen, ist das für Johann Wolfgang Goethe der große Wurf. Und eine ganze Generation ist aufgerüttelt. Da rechtfertigt einer den Selbstmord mit einer unglücklichen Liebe – für 1774 ist das eine geistige Revolution. Schon im Oktober bekommt in Uetersen die 21-jährige Augusta Louise zu Stolberg-Stolberg das Buch in die Hände. Die Grafentochter wohnt in einem der Konventualinnenhäuser des Klosterhofs (siehe Ort 95). Augusta ist hin und weg vom Autor. »Welches warme, überfließende Herz, welche lebhaften Empfindungen!«, schwärmt sie. Über einen Freund schickt sie Goethe anonym einen Brief.

Im Januar kommt Post aus Frankfurt zurück. »Der theuren Ungenandten«, eröffnet Goethe, damals 26, sein Schreiben. »Ich will Ihnen keinen Nahmen geben, denn was sind die Nahmen Freundin, Schwester, Geliebte, Braut, Gattin.« Es folgt eine leidenschaftliche Korrespondenz, in der Goethe sein Herz ausschüttet, ganz Stürmer und Dränger. Die Geständnisse, in denen er seine Lebenszweifel artikuliert, geraten dem Dichter zu innigen Liebeserklärungen. Literaturwissenschaftler werten sie als Goethes schönste Briefe. Bald nennt er die Freundin mit ihrem Kosenamen Gustchen, was in seiner Frankfurter Mundart Gustgen wird. Bis 1782 folgt Brief auf Brief, aber niemals treffen sich Goethe und Gustgen. Allerdings tauschen sie Gesichtsprofile als Schattenrisse aus. Auch da hat die Freundin dem Schwärmer gefallen: »Diese rein sinnende Stirn, diese süße Festigkeit der Nase, diese liebe Lippe, dieses gewisse Kinn! Dancke, meine Liebe, dancke!«

Ein letztes Mal schreiben sich die beiden nach 40 Jahren Pause. Gustgen nimmt einen Ausblick auf ein Leben nach dem Tod: »So gerne nähme ich auch die Hoffnung mit mir hinüber, Sie, lieber Goethe, auch einst da kennenzulernen.« Goethe endet: »Gedenken Sie mein in beruhigter Treue.«

Adresse Klosterhof 7, 25436 Uetersen | **Anfahrt** von der A 23 (Ausfahrt Tornesch) nach Uetersen, immer geradeaus über den Tornescher Weg in die Straße Kleiner Sand, der B 431 in die Marktstraße folgen, links in die Straße Klosterhof (an der Marktstraße parken) | **Tipp** Ums Eck: die alte »Mädchen-Bürgerschule«. Die Lehrer wohnten mit im Haus (Kirchenstraße 7).

UETERSEN

95 Der Jungfernfriedhof
Letzte Ruhe für adelige Damen

Es sind auch Männer hier begraben. Aber das sollen ganz besonders fromme gewesen sein. Sie waren die Pröpste, die dem Stift als geistliche und wirtschaftliche Berater zur Seite standen. Sonst sind auf dem Friedhof, den eine efeuberankte Ziegelmauer umfasst, nur unverheiratete Frauen beerdigt. Ganz früher Nonnen, später die Stiftsdamen und ihre Obersten, die Priörinnen (siehe Ort 97). Ob sie tatsächlich alle jungfräulich unter die Erde kamen?

Ritter Heinrich von Barmstede gründete 1234 im letzten Winkel seines Einflussbereichs, dem »uterst End«, ein Zisterzienserinnen-Kloster. Für höhere Töchter, die einer Heirat entkommen wollten. Für andere, die ihre Befriedigung in künstlerischer Arbeit sahen. Schnell lebten 30 Nonnen im Kloster. Große Ländereien, mehrere Mühlen und eine Ziegelei gehörten dazu. Rundherum siedelten Handwerker und Händler. »Uterst End« ist die Keimzelle Uetersens. Während der Reformation machte die schleswig-holsteinische Ritterschaft aus dem Kloster ein Stift für ledige adelige Damen. Für die Fräuleins, wie sie auch in höherem Alter noch angeredet wurden. Als Konventualinnen lebten sie im Konvent. Wollten sie heiraten, mussten sie das Stift verlassen. Aus ihrer Mitte wählten sie die Priörin. Den Propst stellten die Ritter.

Renata Katharina Eleonore Christiana Hildegard Elisabeth Gräfin von Platen zu Hallermund, die sich mit Hip-Hop-Tanzen fit hält und gerne Billard spielt, ist die 45. Priörin. Sie hat Karine von Rumohr abgelöst. Das Damenstift besteht noch immer, aber keine der Frauen lebt im Klosterbezirk. Die Mitgliedschaft im Konvent hat traditionellen Wert. Es klingt wie aus der Welt gefallen, aber auch im 21. Jahrhundert galt für die jüngste Priörin: Sie musste ehelich geboren und unverheiratet sein und aus einer ursprünglich ritterlichen Familie stammen. Der Vater hatte die Tochter zur Taufe im Kloster angemeldet. Sie sagt: »Wer die Möglichkeit dazu hat, sollte so etwas Schönes mitnehmen.«

Adresse Klosterhof, 25436 Uetersen | **Anfahrt** von der A 23 (Ausfahrt Tornesch) nach Uetersen, immer geradeaus über den Tornescher Weg in die Straße Kleiner Sand, der B 431 in die Marktstraße folgen, links in die Straße Klosterhof (an der Marktstraße parken) | **Tipp** Mit zwei Fohlen, die man an einen Propst verschenkte, fing alles an. »Im Kloster zu Uetersen begann im 14. Jahrhundert die Zucht des Holsteiner Pferdes«, steht auf einem Erinnerungsstein zwischen Kirche und Friedhofsmauer (siehe Ort 37).

UETERSEN

96— Die Mehlsackboutique
Eine Klostermühle ist jetzt Kunstwerk

Von der Mühlenstraße aus ist nur ein in die Jahre gekommener Zweckbau zu sehen. Immer neu wurde angestückelt, wieder und wieder getüncht. Ein Logopäde hat im Erdgeschoss hinter blauen Gardinen seine Praxis. Zwei Wohnungen darüber scheinen vermietet zu sein. Man muss ums Eck gehen, scharf rechts in die Seminarstraße, sich dann noch einmal um 180 Grad drehen. Wow! Ein absoluter Hingucker. Als sähe man durch das Backsteingebäude hindurch. Es ist schon zu großen Teilen entkernt. Die Ziegel der Innenwände sind sichtbar. Die Decken wurden herausgerissen, nur wenige Bohlen liegen noch. Speichenräder drehen sich an Rundhölzern. Die Pfannen des flachen Pfettendachs sind abgetragen, die Sparren und Latten teils heruntergerissen. Darüber ist blauer Himmel zu sehen. Auch er ist gemalt.

Das ist besonders verwirrend, wenn tatsächlich schönes Wetter ist. Der österreichisch-deutsche Künstler Erhard Göttlicher hat die Ostfassade des Gebäudes mit den barocken Techniken der Illusionsmalerei gestaltet. Mit dieser optischen Täuschung lässt sich auf Flächen eine dreidimensionale Wirkung erzielen. Göttlicher ist Maler, Grafiker und Buchillustrator unter anderem für Texte von Émile Zola, Erich Kästner, Christa Wolf. Mehrfach war er auf Biennalen Deutschlands offizieller Vertreter. Göttlicher, der in Uetersen lebt, war Kunstprofessor in Hamburg. Für den Durchblick durchs Packhaus hat er mit zweien seiner Schüler wochenlang auf dem Gerüst gestanden.

Früher war das Gebäude die Mühle des Klosters, Mehlsäcke wurden befüllt. Nachdem der Betrieb eingestellt wurde, zog ein Markt für Sonderposten ein, der Gebrauchsgegenstände, Lebensmittel und Kleidung aus Versicherungsschäden und Geschäftsauflösungen verkaufte. Mehlsackboutique nannten die Menschen den Laden. Aber die Reste-Rampe ist ausgezogen. Ein Konzept als Szene-Tempel mit Ateliers, Cafés und kleinen Läden war im Gespräch. Getan hat sich nichts.

Adresse Mühlenstraße 58, 25436 Uetersen | **Anfahrt** von der A 23 (Ausfahrt Tornesch) nach Uetersen, immer geradeaus in die Straße Kleiner Sand, der B 431 (Mühlenstraße) Richtung Elmshorn folgen | **Tipp** Mehr über die Mühlen in Uetersen erzählt das Heimatmuseum: die Seminarstraße Richtung Südosten, dann rechts (Parkstraße 1c, Tel. 04122/2319, geöffnet jeden 1. und 3. So im Monat 14–17 Uhr).

97 Das Teehaus der Priörin
Konversation in ehrenwerter Gesellschaft

Man hat die alte Zeremonie wiederbelebt: Vor dem Pavillon, der einem dorischen Vorhallentempel nachempfunden ist, treffen sich Damen und Herren im Schatten uralter Bäume. Sie achten auf Stil und Etikette, »um festliche Kleidung wird gebeten, Zylinder und Hut sind gern gesehen«. Die Menschen haben Picknickkörbe dabei, gut bestückt mit hübschen Gedecken und Gebäck. Sie schlürfen Tee, tragen einander Gedichte vor, betreiben Konversation. So soll es auch gewesen sein, wenn die Priörin Gäste zur Teestunde empfangen hat. Damals hat eine Dienerschaft die ehrenwerte Gesellschaft bewirtet. Die Priörin war Herrscherin im Damenstift Uetersen. Priörin mit »ö« statt mit »o« ist die Schreibweise in Schleswig-Holstein.

Wo jetzt Wiese ist, lag damals eine weiß gestrichene Holzterrasse vor dem Pavillon. Auf einem Lageplan von 1786 ist er erstmals verzeichnet. Der große Teil des Gebäudes ist verputztes Mauerwerk, der Vorbau mit den vier grünen Säulen ist aus Holz gefertigt. Möbliert war das Teehaus mit einem Mahagonitisch und -stühlen. Vom Tempelchen aus überspannt eine weiße Bogenbrücke den alten Burggraben und führt in den alten Priörinnengarten. Verwilderte Schneeglöckchen, Winterlinge und Elfen-Krokusse sind Zeugen der früheren Gartenpracht. Hochzeitsfotografen empfehlen Teehaus und Brücke den Brautleuten gerne als Kulisse.

Mehrere Wohnhäuser verteilen sich über die parkähnliche ehemalige Klosteranlage. Von den Hauptgebäuden ist nur noch das sogenannte Südhaus erhalten, ein lang gestreckter Backsteinbau, der Südflügel des ehemaligen Kreuzganggeviers. Reste der Arkaden sind erkennbar, aber zugemauert. Mitte des 17. Jahrhunderts hat die Priörin Margaretha Gräfin von Ahlefeld einen Giebelbau dazusetzen lassen. Könige und Herzöge haben hier übernachtet. Die Klöster waren verpflichtet, reisenden Landesherren Quartier zu geben. In der Gräfin-von-Bredow-Scheune dahinter wird musiziert.

Adresse Klosterhof, 25436 Uetersen | **Anfahrt** von der A 23 (Ausfahrt Tornesch) nach Uetersen, immer geradeaus über den Tornescher Weg in die Straße Kleiner Sand, der B 431 in die Marktstraße folgen, links in die Straße Klosterhof (an der Marktstraße parken) | **Tipp** Die Kirche ist jünger als die ursprünglichen Klostergebäude, sie ist 1749 fertig geworden (geöffnet So 14–16 Uhr).

98 Der Windhosenstein
»Als wäre die Hölle losgelassen«

27 Grad. Dieser Montag ist ein warmer Tag. Die Menschen im damals ländlich geprägten Uetersen sind auf den Feldern der Gärtnereien und Baumschulen. Sie freuen sich auf den Gilde-Ball, der am Abend stattfinden soll. Nichts deutet darauf hin, dass etwas Ungewöhnliches passieren wird. Und doch wird am Abend nichts mehr so sein wie am Morgen. Emil Buchholz, Redakteur der Uetersener Nachrichten, schreibt am nächsten Tag: »Wir stehen heute unter dem Eindruck eines gewaltigen Naturereignisses, wie es seit Menschengedenken unsere Heimat nicht betroffen hat. Als wäre die Hölle losgelassen und der Weltuntergang nahe.«

Gegen 19 Uhr verdunkelt sich der Himmel an diesem 10. August 1925, dem Tag des heiligen Laurentius. Über der Elbe braut sich ein Unwetter zusammen, dann zieht es entlang des Flusses Pinnau. Magda Schulz erinnert sich: »Wir waren gerade mit Pferd und Wagen bei der Feldarbeit, als unsere Stute immer unruhiger wurde. Wir jagten so schnell wie nie zuvor nach Hause. Kaum angekommen, brach der Sturm los.« Das Unwetter ist zum Wirbelsturm geworden, die Windhose zieht in einer Schneise von zehn Kilometern über Neuendeich, Uetersen, Heidgraben, Moorenge, Tornesch. Der Tornado deckt Dächer ab, drückt Fensterscheiben ein, bringt Wände zum Einsturz. Hagel schlägt auf den Äckern das Korn aus den Ähren. Edmund Lösche, 23 Jahre alt, wird von den Ziegeln des Schornsteins getötet, die das Dach seines Hauses durchschlagen. 13 Menschen werden verletzt. Kein Haus, das nicht beschädigt ist. Nach einer Viertelstunde hat sich das Laurentiusunwetter ausgetobt. Ein Eisbrocken, ein halbes Kilo schwer, findet in den Zeitungen die meiste Beachtung. Aus Hamburg, Flensburg und Bremen kommen Katastrophen-Touristen. Auch damals!

Ein verwitterter Stein im Rosarium, kaum zu finden, erinnert an die Windhose. Er liegt gleich rechts, wenn man den Eingang an der Wassermühlenstraße nimmt.

Adresse Wassermühlenstraße 7, 25436 Uetersen | **Anfahrt** von der A 23 (Ausfahrt Tornesch) nach Uetersen, immer geradeaus über den Tornescher Weg in die Straße Kleiner Sand, links in die Wassermühlenstraße | **Tipp** Ein weiterer Gedenkstein liegt gegenüber dem See. Er erinnert an Ernst Ladewig Meyn: »Er war Rosenschuler, Rhabarberzüchter, Dichter, Heimatkundler und Stadtrat.« Er gründete das Rosarium. Die Insel darin ist ein bevorzugter Hochzeitsort.

99 Der Hungerpohl
Lief er über, gab's kein Brot

Wenn es darum ging, den eigenen Wohlstand zu mehren, hatten Getreidehändler aus Hamburg, Lübeck und Lüneburg früher ein verlässliches Orakel. Sie schickten Gesandte nach Undeloh, um an einem Quellteich im Eichenhain den Wasserstand zu messen und zu melden. Dieser Tümpel war seit Jahrhunderten ein Naturphänomen. Standen regenreiche Zeiten bevor, trocknete er aus. Schwoll er aber an, trat über das Ufer und überschwemmte tiefer liegende Gebiete des Dorfes, stand eine Dürre bevor. Weil das zuverlässig eintraf, es aber niemand erklären konnte, wurde es als Zeichen der Götter verstanden.

Die Kaufleute verstanden es vor allem als Hinweis darauf, ihre Preise neu zu kalkulieren. Stieg also das Wasser, war Trockenheit zu erwarten und eine schlechte Ernte. Die Getreidevorräte wurden dann gehortet, um sie später bei steigender Nachfrage übertreuert zu verkaufen. Die einfachen Leute konnten sich oft das Mehl nicht mehr leisten, um Brot zu backen. Sie mussten hungern. Daher hat der Pohl, der kleine Teich, seinen Namen. Nachweislich war er im nassen Sommer 1910 völlig versiegt. Im trockenen Folgejahr lief der Hungerpohl mehrmals über. Um 1930 – nach anderen Berichten im Jahr 1965 – soll dieses Phänomen zum letzten Mal beobachtet worden sein.

Dass es in Undeloh nicht mit rechten Dingen zugeht, beschreibt auch eine Legende. Sie erzählt von einem Mädchen, vier Jahre alt und blind seit der Geburt. Da erschien der Mutter bei einem Heidespaziergang mit dem Kind eine Frau in weißen, langen Kleidern. »Das Wasser der Quelle bewirkt Wunder«, sagte die Fee. »Wenn du damit die Augen deiner Tochter benetzt, wird sie alsbald sehen können!« So soll es geschehen sein.

Was vom Hungerpohl übrig ist, liegt heute auf Privatgrund. Am Dorfteich kann man das Naturwunder aber gut nachvollziehen. Blaue Prachtlibellen fühlen sich hier zu Hause. Von der Azurjungfer gibt es eine große Population.

Adresse Wilseder Straße 13, 21274 Undeloh | **Anfahrt** von der A 7 (Ausfahrt Egestorf) nach Egestorf, über die Romantische Heidestraße nach Undeloh, von der Straße Zur Dorfeiche links in die Wilseder Straße | **Tipp** Am Dorfteich beginnt der Heidelehrweg. Auf dem Sieben-Kilometer-Rundweg kommt man an Heidschnucken und Wildpferden vorbei.

WAHLSTEDT

100 _ Fiete Arps Rasen
Hier hat er in der Knirps-Liga gekickt

»Sturmtalent«, »Juwel« – die Sportreporter überschlugen sich, wenn Jann-Fiete Arp in der HSV-Arena brillierte. »Fiete Arp! Fiete Arp!«, skandierten die Fans vor der Kabine. Ein halbes Jahrhundert nach »Uns Uwe« hatte Hamburg Sehnsucht nach einem »Uns Fiete«. Rekordmeister Bayern München bot dem Kicker ein kolportiertes Jahresgehalt von fünf Millionen Euro. Einem damals 18-Jährigen! Gerade fertig mit dem Abitur. War der Leistungsdruck zu groß? Jedenfalls folgte der Absturz. An der Isar gehörte der Hochgelobte nicht einmal in der Drittliga-Mannschaft zu den Leistungsträgern. Bayern hat ihn ausgeliehen an den ehrgeizigen Zweitligisten Holstein Kiel. Kann Jann-Fiete Arp hier sein Können neu beweisen? Die Fachwelt meint, er wirke »wie von einer Last befreit, geerdet und tatendurstig wie lange nicht«.

Beim Sportverein Wahlstedt hat Fiete Arp mit vier Jahren mit ersten Dribblings beeindruckt. Badminton und Volleyball spielt man hier noch, es gibt eine Tanz- und eine Herzsportgruppe. Für die Kicker zwei Rasenplätze, einer mit Tartanbahn, und einen Kunstrasenplatz mit Quarzsand und Flutlicht. Eine ordentliche Kreisliga-Ausstattung. Als Grundschüler schreibt Fiete seinem Kumpel Kim-Luca ins Freundebuch, dass er »Fußballstar« werden will. Mit zehn Jahren wechselt er ins Nachwuchszentrum des HSV. In der B-Junioren-Bundesliga schießt er bei 44 Einsätzen 36 Tore. Für die U-17-Nationalmannschaft trifft er bei der Europameisterschaft dreimal in 13 Minuten. Er rückt in den HSV-Profikader auf, debütiert mit 17 in der Bundesliga.

Von seinem früheren Marktwert, den die Experten mit sieben Millionen Euro ausgerechnet hatten, ist Jann-Fiete Arp Ende 2021 weit entfernt. Egal! »Hier bin ich am richtigen Ort«, hat er der Lokalzeitung gestanden. »Wo es nicht um große öffentliche Auftritte geht. Sondern darum, einen geilen Ball zu spielen, mit den Fans zu feiern und Siege zu holen.«

Adresse Scharnhorststraße 8, 23812 Wahlstedt, Tel. 04554/3164 | **Anfahrt** von der A 21 (Ausfahrt Bad Segeberg-Nord) rechts auf die B 206, sofort links Richtung Fahrenkrug/ Wahlstedt, immer geradeaus über Segeberger Straße und Neumünsterstraße, nach dem 2. Kreisel rechts in die Scharnhorststraße | **Tipp** Das Hallen- und Freibad vor den Fußballplätzen hat der Graffiti-Künstler »Dosenfutter« verschönert.

WEDEL

101 Das 28 Grad
Südseeträume am Elbestrand

Wer tagträumen will, ist schon kurz vor zwölf Uhr da. Wenn eigentlich noch geschlossen ist. Links von den Gebäuden erreicht man das Elbeufer und gelangt rechts zur Panorama-Seite des Strandbads. Das Personal ist noch dabei, die blauen Liegestühle im Sand in engen Reihen auszurichten. Niemanden stört es, wenn man trotzdem schon die Stufen nimmt und zu einem der Tische auf den Holzdecks hinaufsteigt, die wie eine Empore angeordnet sind. Wind schaukelt die Blätter der Palmen. Der Himmel ist blau und die Elbe hier schon so weit, es könnte am Meer sein. Aus den Boxen kommen die Rhythmen von Bob Marley, Susan Cadogan, Desmond Dekker. Die Großstadt, die man gerade erst hinter sich gelassen hat, ist plötzlich weit weg. Erinnerungen schaffen Sehnsüchte. Noch für einen kurzen Augenblick hat man die Karibik, wenn nicht die Südsee ganz für sich allein. Jetzt ist es an der Zeit, an der Bar einen »Beach Engel« zu bestellen.

Hamburg hat viele schöne Beach-Clubs, das Dock 3, den Strand Pauli. Das 28 Grad ist anders. Hier hat man keine Mühe, noch ein freies Sandkorn zu finden, und es gibt am Abend keine Möchtegern-Adabei-Schubserei. Das Publikum jeden Alters hat keine Eile. Tagsüber mischen sich Familien darunter. Man sitzt auf den Bänken, in Rattanmöbeln oder im Strandkorb. Blinzelt in die Sonne. Genießt die Sommerbrise. Träumt. Schlechtes Wetter gibt's nicht im 28 Grad. Es hat nur bei gutem geöffnet.

Showtime ist immer. An der Bar, in Kuschelecken, in der Badebucht vor den Liegestuhl-Reihen. Wer Glück hat, kann einen neugierigen Seehund beim Abenteuer-Ausflug entdecken. Container-Riesen schieben vor der Kulisse der Elbeinseln Hanskalbsand und Neßsand durch den Fluss. Gibt es Schöneres, als mit einem kühlen Drink in der Hand die Füße im Sand zu vergraben und das Fernweh zu pflegen? Aufgepasst! Wenn der Schwell der Dickschiffe das Wasser an Land drückt, wird's nass.

Adresse Hakendamm 2, 22880 Wedel, Tel. 040/43180072 | **Anfahrt** auf der B 431 nach Wedel, beim Roland links in die Austraße und Schulauerstraße, rechts auf den Strandbaddamm, auf der linken Seite | **Öffnungszeiten** Mo–So ab 12 Uhr | **Tipp** Wer lieber klares Wasser möchte, geht ums Eck in die Aquawelt des Sport- und Freizeitbades »Die Badebucht« (Am Freibad 1, geöffnet Mi–Fr 8–20 Uhr, Sa, So 10–20 Uhr).

102 Die Batavia

Großes Vergnügen im kleinen Theater

Mag sein, dass in die Geschichte, die über die Batavia erzählt wird, viel Seemannsgarn verwoben ist. Überprüfen lässt sich nur ein Teil. Hannes Grabau, Eigner des Schiffes, Theaterintendant, Regisseur und Kneipier, ist sie aber so vom Bootsmann Opa Drescher berichtet worden, der viele Jahre an Deck gelebt hat. Und Opa Drescher hatte es von anderen Seeleuten gehört. Demnach soll das Schiff 1892 in Stettin als Kanonenboot für die Kaiserliche Marine gebaut worden sein. Unter dem Namen »Vaterland« sei es dann vor der ostchinesischen Hafenstadt Tsingtau geschippert, damals eine Kolonie. Deutsche Siedler haben dort eine Brauerei gegründet, Keimzelle der Tsingtao Brewery, heute die sechstgrößte Brauerei der Welt. Von vielen Irrfahrten des Schiffes ist dann die Rede. Im Zweiten Weltkrieg soll es von britischen Bombern im Hamburger Hafen versenkt worden sein. Sicher ist: 1952 wurde das Schiff vom Grund der Elbe gehoben und diente einem Ruderverein als Clubhaus. 20 Jahre später hat Hannes Grabau es gekauft.

Batavia hat er sein Schiff genannt. So hieß die Hauptstadt der Kolonie Niederländisch-Indien, heute die indonesische Megacity Jakarta. Am alten Hafen der Wedeler Au hat der Käpt'n den 30-Meter-Kahn vertäut.

Zunächst war er ihm Hausboot. Dann kam dem Bühnenarbeiter an der Staatsoper, der als junger Mann zur See gefahren war, die Idee, seine Batavia sei ein ebenso idealer wie origineller Veranstaltungsort. Im Oberschiff hat er eine Gaststätte eingerichtet. Im Sommer wird auf dem uralten Kopfsteinpflaster der Mole vor dem Schiff ein Biergarten aufgebaut. Unter Deck ist ein Theater mit 70 Plätzen. Klamotte und Tragödie – das hauseigene Ensemble hat ein großes Repertoire. Lesungen, Kabarett, Jazz, Rock, Folk, Kindertheater – der Spielplan ist dicht. Kleine Bühne für große Unterhaltung. Mit Helga Feddersen, Hardy Krüger, Marius Müller-Westernhagen, Udo Lindenberg.

Adresse Brooksdamm 1, 22880 Wedel, Tel. 04103/85836 | **Anfahrt** auf der B 431 nach Wedel, im Zentrum (Am Marktplatz) links in die Austraße, halb rechts auf den Brooksdamm | **Öffnungszeiten** Mi–Sa ab 17 Uhr, So ab 14 Uhr | **Tipp** Vom Brooksdamm zu Fuß durch die Marschkoppeln über den Langen Deich bis zur Elbe ist es nur eine Viertelstunde.

103 Das Johann-Rist-Denkmal

Dichter, Dramatiker, Prediger

Mit Wedel werden viele Persönlichkeiten in Verbindung gebracht, weil sie dort gelebt haben, geboren oder gestorben sind. Arnim Dahl hat als Stuntman Heinz Rühmann, Curd Jürgens und Kirk Douglas gedoubelt, sich 100-mal die Knochen gebrochen und Handstand auf dem Dachgeländer des Empire State Buildings gemacht. Mathias Rust ist 1987 mit einer Cessna auf der Moskwa-Brücke neben dem Roten Platz gelandet. Albert Vietor war Hauptverantwortlicher des Finanzskandals um den gewerkschaftseigenen Wohnungskonzern Neue Heimat. Ernst Barlach natürlich. Aber wer ist Johann Rist? Von ihm steht zwar ein Denkmal vor der Immanuelkirche, aber fragt man danach, kennt sich nicht jeder aus.

Johann Rist (1607–1667) war Dichter und Dramatiker. Mit einem Freund schrieb er Theaterstücke und trat auch selbst als Darsteller auf – sicher eine gute Vorbereitung auf seine Kanzel-Auftritte, denn ab 1635 war Rist evangelischer Pastor und später Kirchenrat in Wedel. Das Schreiben aber hat den Prediger nicht losgelassen. In Gedichten hat er die Elblandschaft besungen und Hunderte Kirchenlieder getextet. Ein befreundeter Kantor hat sie vertont. Das Weihnachtslied »Brich an, du schönes Morgenlicht« und das Neujahrslied »Hilf, Herr Jesu, lass gelingen« stehen heute noch im evangelischen Gesangbuch. Rists Opus über Tausende Seiten gilt als das umfangreichste dichterische Werk des 17. Jahrhunderts. Kaiser Ferdinand hat ihn in den Adelsstand erhoben.

Johann Rist hatte an der Uni aber nicht nur in Theologie, sondern auch in Botanik und Arzneiwissenschaften aufgepasst. Im Garten nördlich der Kirche kultivierte er würzende und heilende Kräuter. Im eigenen Labor stellte er Essenzen, Pulver, Öle und Salben für seine Kirchgänger her. Rist war ein Pionier der alternativen Medizin. Er selbst erkrankte an der Pest, überlebte sie aber wie durch ein Wunder.

Adresse Kirchenstraße, 22880 Wedel | **Anfahrt** auf der B 431 nach Wedel, bis zum Marktplatz, rechts in die Küsterstraße, kleiner Parkplatz, zu Fuß zur Kirchenstraße | **Tipp** Der Johann-Rist-Weg (ausgeschildert) führt zu den wichtigsten Stationen im Leben des Theologen und Botanikers.

104 Das Reepi

Früher Seilerei, heute Teestube und Galerie

Um ein Segelschiff von 50 Meter Länge zu manövrieren, hat man früher sechs Kilometer Tau gebraucht. Reepschläger zu sein war in den Hafenstädten ein einträglicher Beruf. Dabei wurden Reepe, dünne Seile aus Hanf oder Flachs, von Hand zu dicken Trossen miteinander verdrillt. Geschlagen, wie man sagte. Später haben Maschinen das übernommen, heute wird Tauwerk meist aus Kunstfasern gefertigt. Aber in ihrer Reepschlägermanufaktur in Wedel haben die Brüder Carl und Louis Warncke noch bis vor einem halben Jahrhundert das alte Handwerk ausgeübt. Allerdings konnten sie kaum davon leben.

Der Seiler Hinrich Christoffer Kellermann hat das Haus 1758 gebaut. Als die Warncke-Brüder starben, endete auch die Ära der Reepschlägerei. Das Gebäude stand leer, verfiel. Die Stadt als Eigentümer wollte es verkaufen oder abreißen lassen. Da tat sich eine Bürgerinitiative zusammen, Keimzelle des heutigen Fördervereins. Die Menschen kämpften für den Erhalt des Fachwerkbaus, konnten die Denkmalschützer überzeugen und Schleswig-Holsteins damaligen Ministerpräsidenten Gerhard Stoltenberg. Plötzlich gab's Zuschüsse, zwei Jahre wurde das Haus mit viel Liebe zum Detail restauriert. Die »muckelige Diele« ist der Mittelpunkt des Hauses. In Nebenräumen kann man in fast privater Atmosphäre klönen, lesen oder in Ruhe arbeiten. Das Reepi, wie Einheimische das Reepschlägerhaus nennen, ist Teehaus, Kuchen-Café, Galerie und Veranstaltungsort für Konzerte oder Lesungen. Um wirtschaftlich zu sein, könnte es mehr Zulauf gut vertragen.

Der Garten hinterm Reepi ist ein Paradies der Ruhe. Pavillon und Rosenrankgitter, ein kleiner Teich und Sitzgruppen in Nischen schaffen ein Gefühl intimer Behaglichkeit. Werner Wietek, vier Jahrzehnte Betreiber der Teestube, hat das Gartenkunstwerk gestaltet. Einst haben hinterm Haus die Reepschläger die Seile gespannt. Dafür brauchten sie eine lange Strecke, die Reeperbahn.

Adresse Schauenburgerstraße 4, 22880 Wedel, Tel. 04103/85057 | **Anfahrt** auf der B 431 nach Wedel, bis zum Marktplatz, geradeaus in die Rolandstraße bis zur Schauenburgerstraße | **Öffnungszeiten** Mi–So 9–18 Uhr | **Tipp** Durch die Reepschlägerstraße bis zur Küsterstraße: Das Stadtmuseum nimmt die Besucher mit auf eine Zeitreise (Küsterstraße 5, geöffnet Fr, Sa 14–17 Uhr, So 11–17 Uhr).

WEDEL

105 — Der Roland
Hexentanz um Mitternacht

Wenn das Standbild eines Menschen auch sein Abbild sein soll, muss Ritter Roland ein kompakter Kerl gewesen sein. Der Kopf ist in Proportion zum Körper recht groß geraten. Die Arme sind dagegen fast Ärmchen, die Beine wiederum stämmig, und er hat gewaltig was in der Hose. Zur Geisterstunde soll der Acht-Tonnen-Koloss um die eigene Achse tänzeln. Warum, das weiß man nicht. Gesehen hat's auch noch keiner. Wenn nach einer Feier die Bürger in Wedel zum Aufbruch mahnten, hieß es früher: »Dat ward Tied, de Roland hett sik al ümdreiht!«

Rolandstatuen stehen in vielen Städten. Sie sind Sinnbild der Stadtrechte und eigener Gerichtsbarkeit, meist auf dem Marktplatz oder vor dem Rathaus zu finden. Aber der Wedeler Roland ist anders als der in Bremen, in Lutherstadt, Riga oder Dubrovnik. Während sie zum Schwert einen Schild und gelegentlich einen Helm tragen, balanciert die Wedeler Wuchtbrumme im roten Umhang mit der Linken einen Reichsapfel. Und trägt eine schwere Krone auf dem Kopf. Kaiserliche Insignien. Dieser Roland im Dienst Karls des Großen symbolisiert auch Marktfrieden und Handelsrechte. Durch Wedel führte der alte Ochsenweg. Über eine Furt trieb man die Herden durch die Elbe, um sie bis nach Holland zu verkaufen. Die Figur, vielfach restauriert, soll um 1558 entstanden sein. Sie ist aus Sandstein gehauen, heute bemalt und teils vergoldet. Das Schwert und die Kreuze auf Reichsapfel und Krone sind aus Metall.

Vom Roland in Wedel wird noch eine andere Geschichte erzählt. Ein Pastor hat sie aufgeschrieben. Immer in der Walpurgisnacht soll vor Rolands Sockel eine Egge lehnen, die scharfen Zinken nach innen ausgerichtet. Hexen sitzen dahinter fest. Sobald die Turmuhr Mitternacht schlägt, löst der Teufel den Bann und gibt die Furien frei. Sofort reiten sie auf ihren Besenstielen kreuz und quer vor Rolands Nase herum. Nur eine Weile schaut er zu, dann schlägt er die Hexen in Stücke.

Adresse Am Marktplatz, 22880 Wedel | **Anfahrt** auf der B 431 nach Wedel, bis zum Marktplatz, auf der rechten Seite | **Tipp** Der Freihof auf der anderen Straßenseite ist noch älter als der Roland. Ein kesser Spruch ziert die Kellerei: »Gott schütze dieses alte Haus vor Not und Feuer, Krieg und Steuer.«

WEDEL

106 — Das Willkomm-Höft
Zeremonie am Schulauer Fährhaus

Wie ein Seebär in Rente sieht Wolfgang Adler aus. Weißer Kurzhaarschnitt, weißer Vollbart. Adler, der als Seehafenspediteur gearbeitet hat, ist Begrüßungskapitän. Gerade verabschiedet er das Schiff SM Tacoma aus dem Hamburger Hafen. Adler spricht ins Mikro, was Männer wissen wollen. Wie lang der Frachter ist. 278 Meter. Wie breit. 40 Meter. Was er schleppen kann. 5.200 Container. Danach sieht es jetzt nicht aus, aber Adler erklärt, dass noch zugeladen wird. Erst in Antwerpen, dann in Le Havre, danach in Lissabon. Weiter geht's nach Südostasien. Die Daten hat Adler vom Bildschirm, früher wurde von Karteikarten abgelesen. Nun hisst er per Knopfdruck am Flaggenmast die rot-weiße Signalfahne und die blau-weiß-rote Fahne. Im Flaggen-Alphabet steht das für »gute Fahrt«. Die Hymne Liberias, unter dessen Flagge die Tacoma fährt, scheppert über die Elbe. 152 Hymnen sind auf der Festplatte gespeichert. Früher haben die Begrüßungskapitäne sie von Kassetten abgespielt. Die stehen noch im Regal. Noch früher haben sie Singles auf den Plattenteller gelegt. »Einige konnte ich retten«, sagt Adler, zeigt sie stolz.

Das Willkomm-Höft ist Teil des Gasthauses Schulauer Fährhaus. Seit 1952 wird jedes ankommende größere Schiff willkommen geheißen, und jedem fortfahrenden winkt man hinterher. Für das Wirtshaus ist das ein Publikumsmagnet, für die Gäste Spektakel und Intermezzo, für die Seeleute eine supernette Geste. Fünf Begrüßungskapitäne in Uniform wechseln sich im Glaskasten ab. Hunderttausenden Schiffen haben sie schon salutiert.

Als das Willkomm-Höft eingeweiht wurde, hat Weltumsegler Carl Kircheiß den Fahnenmast mit einer Buddel Rum getauft, und Hans Albers hat gesungen. Es kam aber den ganzen Tag kein Schiff. Erst am folgenden der japanische Frachter Akagi Maru. »Willkommen in Hamburg!« Kapitän Kazuichi Murakami war so entzückt, nach dem Anlegen ist er gleich nach Wedel gefahren.

Adresse Parnaßstraße 29, 22880 Wedel, Tel. 04103/920015 | **Anfahrt** auf der B 431 nach Wedel, beim Roland links in die Austraße, in die Schulauerstraße, bis zum Strandweg, kleiner Parkplatz an der Parnaßstraße | **Öffnungszeiten** Mo–Fr 11.30–22 Uhr, Sa, So 9.30–22 Uhr | **Tipp** Noch näher an den Dickschiffen ist man auf dem neuen 60 Meter langen Ponton mit überdachten Sitzplätzen, abends stimmungsvoll illuminiert. Wenn jetzt noch die Queen Mary 2 auf ihrem Weg nach New York vorbeikommt!

107 — Die Villa Willemsen
Sein Zuhause ist jetzt Künstlerhaus

Nur drei Tage vor seinem Tod. Roger Willemsen weiß, dass er sterben wird. Acht Freunde sind bei ihm. Willemsen, Deutschlands vielleicht beliebtester Intellektueller, ist traurig, dass die Villa, die er vor nicht einmal einem Jahr bezogen hat, bald verkauft werden muss. Er hatte sich in der Ruhe am Mühlenteich für seine Arbeit inspirieren lassen wollen. Und jetzt?

Mare-Verleger Nikolaus Gelpke hat eine Idee, Roger Willemsen stimmt sofort zu. Ein Künstlerhaus soll die Villa werden. Stipendiaten aller Genres sollen sich hier auf Zeit einquartieren und ihre Talente entfalten. Gelpke, enger Freund Willemsens, setzt das Projekt mit dem mare-Verlag um, gründet die Roger Willemsen Stiftung. »Roger hatte viele Eigenschaften, die wesentlichste war sein großes Herz«, sagt Gelpke. »Jeder, der mit ihm befreundet war, hat so viel von ihm bekommen. Es ist schön, dass wir ihm posthum ein bisschen zurückgeben können.«

Roger Willemsen (1955–2016) war ein Phänomen in der deutschen Kultur- und Medienlandschaft. Er war Schriftsteller, »Der Knacks« ist eines seiner persönlichsten Bücher. Er war Moderator (»Willemsens Woche« im ZDF). Auf der Bühne hat er sich wohlgefühlt und als Essayist für ZEIT und Spiegel geschrieben. Als Humorist war er mit Dieter Hildebrandt auf Tournee und als Humanist in Afghanistan. Für sauberes Wasser und Bildungschancen für Mädchen hat er dort gekämpft.

Die ersten Stipendiaten sind 2018 in Willemsens Zuhause eingezogen. Die Villa ist zu großen Teilen geblieben, wie das Multitalent sie verlassen hat. Die Bibliothek erstreckt sich vom Fischgrätparkett bis zur hohen Stuckdecke. Sein wuchtiger Schreibtisch steht da. Die Sammlung von Art-déco-Zuckerdosen auf dem Kaminsims. Maler, Bildhauer, Musiker, Schriftsteller, Comedians treffen sich hier. Und Vertreter des politischen Kabaretts. Das war Willemsen drei Tage vor seinem Tod besonders wichtig.

Adresse Am Mühlenteich 10, 21465 Wentorf, Tel. 040/79301755 (Förderverein) | **Anfahrt** von der A 24 (Ausfahrt Reinbek) über den Tangentenring und den Glinder Weg Richtung Reinbek, links in die Hamburger Straße, rechts in die Bahnhofstraße, nach der Unterführung der Schloßstraße folgen, links in die Straße Am Mühlenteich | **Öffnungszeiten** Veranstaltungen unter www.rwstiftung.de | **Tipp** Noch ein Ort der Kontemplation und einfach schön anzuschauen: der Parcours des Wentorf-Reinbeker Golf-Clubs unter den Bäumen des Sachsenwaldes (am Ende der Straße rechts).

108 Die Deichreihe
Türen verrammeln! Das Wasser kommt!

Schwarz-Weiß-Fotos in alten Chroniken zeigen Häuser, die bis zu den Fenstern im Wasser stehen – in der sogenannten Mittagsflut vom 18. Oktober 1936 ist auch Wewelsfleth abgesoffen. Drei Meter über dem normalen Hochwasser hat man gemessen, das hat der alte Elbdeich nicht aufhalten können. Es hätte aber schlimmer kommen können. Die Häuser auf der Deichkrone haben größeres Unheil verhindert.

Eng nebeneinander stehen sie an der Straße Deichreihe, die mit Kopfsteinen gepflastert ist. Nicht mal ein halber Meter Abstand! Diese Bauweise war über Jahrhunderte wichtiger Bestandteil des Sturmflutschutzes, der eine Ewigkeitsaufgabe ist. Die Stöpen, die Durchlässe zwischen den Gebäuden, ließen sich bei drohender Springflut mit zwei Reihen Holzbohlen schließen. Dazwischen hat man Sandsäcke gepackt. Die Bewohner hatten zudem Schotten für Fenster und Türen griffbereit zu halten. Die Häuser selbst wurden besonders massiv errichtet. Nummer 31 war das alte Fährhaus, 1632 gebaut. Vielen Hochwassern hat es getrotzt. Mitte des vergangenen Jahrhunderts hat man einen neuen Deich vor den alten gesetzt. Viele haben protestiert, Pastor Hans Lohse hat von der Kanzel gegen das Vorhaben gewettert. Dann kam die Sturmflut 1962 mit vielen hundert Toten – aber Wewelsfleth bekam nichts ab. Da hat sich der Pastor in einem offenen Brief für die Weitsicht der Deichbauer bedankt.

Eine Allee kurz beschnittener Linden in dichten Abständen zieht sich die Deichreihe entlang. Sie geht über in die Dorfstraße, die ebenfalls Wasserbollwerk war. Haus Nummer 3 hat 15 Jahre Günter Grass bewohnt. Hier schrieb er den »Butt«, »Das Treffen in Telgte« und Teile der »Rättin«. Dann hat er das 300 Jahre alte Haus der Berliner Akademie der Künste geschenkt, es ist jetzt Unterkunft auf Zeit für Literatur-Stipendiaten. In Anlehnung an die deutsche »Villa Massimo« in Rom wird das Haus »Villa Grassimo« genannt.

Adresse Deichreihe, 25599 Wewelsfleth | **Anfahrt** von der B 431 rechts in die Straße Dammducht und die Dorfstraße, rechts in die Deichreihe | **Tipp** Drei gelbe Schwerlastkräne überragen den Ort. Vom Sporthafen am Ende der Deichreihe aus hat man Einblick in die Peterswerft. Die hundert Mitarbeiter bauen Frachtschiffe und Luxus-Yachten. Sie haben drei Jahre lang die Viermast-Bark Peking restauriert, die seit 2020 als Wahrzeichen im Hamburger Hafen liegt.

109_ Das Eckermann-Denkmal
Ehre für Goethes guten Freund

Fast jeder Deutsche kennt Johann Wolfgang von Goethe, sagt das Goethe-Institut. Aber wer hat schon von Johann Peter Eckermann gehört? Mag sein, dass er in seltenen Fällen ein Kandidat für den Deutsch-Leistungskurs ist. Literaturwissenschaftler werden auch von ihm gelesen haben. Eckermann war neun Jahre Goethes »treuer Haus- und Seelenfreund«. Der Goethe-Verehrer ordnete in dessen letzten Lebensjahren das Gesamtwerk des Dichters. Dieser setzte ihn testamentarisch als Herausgeber seines literarischen Nachlasses ein. Beachtung fand Eckermann als Autor der »Gespräche mit Goethe« in drei Bänden, von denen die ersten zwei 1836 erschienen, vier Jahre nach Goethes Tod. Ein Relief an einer Backstein-Stele in Winsen an der Luhe, wo Eckermann geboren ist, zeigt den Anhänger und sein Idol, den gelehrigen Schüler und seinen genialen Meister. Eckermann sitzt auf einem Stuhl, hat ein aufgeschlagenes Buch auf den Knien. Goethe beugt sich über ihn, die linke Hand auf Eckermanns Schulter. Der Künstler Max Schegulla hat den beiden Männern jugendliche Gesichtszüge gegeben, die des Bewunderers sind fast die eines Knaben. Dabei war Goethe 73 und Eckermann 31, als beide sich kennenlernten. Das Relief hat eine homoerotische Kraft. Oft führen Experten Debatten darüber, ob Goethe auch schwule Neigungen hatte.

Eckermann schreibt über die erste Begegnung im Juni 1823 in Weimar: »Wir saßen lange beisammen, in ruhiger, liebevoller Stimmung. Ich drückte seine Knie, ich vergaß das Reden über seinen Anblick, ich konnte mich an ihm nicht sattsehen. Das Gesicht so kräftig und braun und voller Falten, und jede Falte voller Ausdruck.« Die »Gespräche mit Goethe« sind unterschiedlich gewürdigt worden. Der Dichter Nikolaus Lenau spottete: »Eckermann und Goethe – Blaserohr und Flöte.« Ganz anders der Philosoph Friedrich Nietzsche: »Die Unterhaltungen Eckermanns und Goethes sind das beste Buch, das es gibt.«

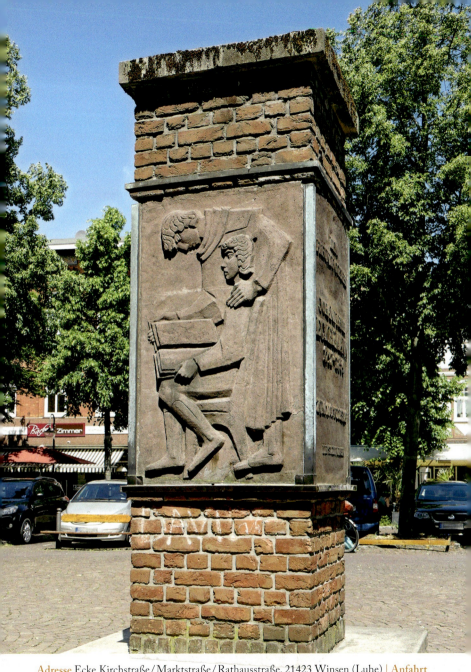

Adresse Ecke Kirchstraße/Marktstraße/Rathausstraße, 21423 Winsen (Luhe) | **Anfahrt** von der A 39 (Ausfahrt Winsen Luhe-West) Richtung Winsen, im Kreisverkehr geradeaus in die Hamburger Straße, rechts in die Deichstraße, bis zur Marktstraße | **Tipp** Schon dreimal ist der Turm der Sankt-Marien-Kirche an der Rathausstraße abgebrannt (geöffnet Di–So 10–16 Uhr).

110 Der Tonteich

Gesünder baden!

In der Vorsaison, wenn das Wasser noch wärmer werden will, ist das Kassenhäuschen nicht immer besetzt. Ein Hinweisschild fordert dann auf: »Liebe Gäste, bitte bezahlen Sie beim Schwimmmeister am Wasser.« Dazu ist ein Männchen mit einem viel zu großen Sack voller Dollar abgebildet. Es werden dann aber doch Euro akzeptiert. Den Schwimmmeister mit der weißen Schwimmmeisterhose findet man im Schwimmmeisterhäuschen, er nimmt die 3,50 Euro gerne. Das alles deutet darauf hin, dass es ungezwungen zugeht, fast familiär.

Das Naturfreibad Tonteich ist vom dichten Sachsenwald umstanden. Schilfgürtel markieren abschnittsweise das Ufer, der größere Teil ist aber für den öffentlichen Badebetrieb mit allen erdenklichen Service-Annehmlichkeiten freigegeben. 200 Meter lang ist das Gewässer, misst 100 Meter in der Breite. Fünf Meter geht es in die Tiefe. Ein breiter Sonnensteg führt zum Sprungturm in der Mitte mit Ein- und Drei-Meter-Brett. Ideal, um im grünlichen Wasser eine Arschbombe zu platzieren. So cool und idyllisch ist es hier, dass sogar ein Reiseredakteur der Frankfurter Allgemeinen Zeitung hergefunden hat. Sein Urteil: »Vielleicht das schönste Freibad Norddeutschlands.«

Früher war hier die Tongrube der Friedrichsruher Tonwerke. Über Jahrzehnte wurde gefördert. Als aber 1911 die Ziegelei in verheerendem Feuer niederbrannte, hat man sie nicht wiederaufgebaut. Die Grube füllte sich mit Wasser, so entstand der Teich. Durch den tönernen Untergrund ist das Wasser besonders sauer, weder Fische noch Blaualgen fühlen sich darin wohl. Selbst in heißen Sommern nicht. Es gibt auch kaum Mücken, was das Badevergnügen noch größer macht. Der pH-Wert des Wassers ist niedrig, der Gehalt an Eisen und Mangan hoch. Das tut der Haut gut und soll ähnlich heilende Wirkung wie essigsaure Tonerde haben. Die geschützte Lage des Tonteichs ist der Grund für sein warmes Wasser. Bis zu 29 Grad!

Adresse Am Tonteich 35, 21521 Wohltorf, Tel. 04104/2893 | **Anfahrt** von der A 24 (Ausfahrt Reinbek) Richtung Bergedorf, links in die Sachsenwaldstraße, rechts in die Schönningstedter Straße, links in die Wohltorfer Straße, nach der Bahnunterführung rechts | **Öffnungszeiten** Mai – Mitte Sept. täglich 7 – 20 Uhr | **Tipp** Das große Holzdeck gegenüber der Liegewiese garantiert auch am späten Nachmittag einen Sonnenplatz.

111 Das Büsenbachtal
Wie vom Filmdesigner arrangiert

Als lebensfeindlich und bedrohlich hat man die Heide Anfang des 19. Jahrhunderts empfunden. 1804 notiert ein Reiseautor ins Tagebuch: »Ich dachte nicht, dass das Land so elend wäre. Mich dünkt, es ist der schlechteste Strich von einem solchen Umfange, der mir jemals vorgekommen. Der Boden dieses Geländes ist eine ungeheure Sandwüste, die ganz nackt ist oder Heidekraut und stechende, dürre Halme hervorbringt.« Hundert Jahre später hat man die Natur romantisiert. Landschaftsmaler haben das Kraut und bizarre Wacholderformationen auf die Leinwand gebannt, Schriftsteller Hermann Löns hat die Heide besungen. Launen des Zeitgeistes. Sicher ist: Im Büsenbachtal ist die Heide besonders schön, zu jeder Jahreszeit. Im Frühjahr wiegen sich die Halme des blühenden Wollgrases im Wind. Im August und September inszeniert das in Lilatönen blühende Heidekraut seinen Auftritt. Im Herbst ist Indian Summer mit buntem Laub, Nebel und Morgentau.

Hier sieht die Heide so aus, als hätte der Set-Designer eines Films die Landschaft entworfen. Der kristallklare Büsenbach, der einem Hochmoor entspringt, plätschert und schlängelt sich in seinem schmalen Bett. An seinem Ufer breiten Familien mit kleinen Kindern gerne die Picknickdecken aus. Nach wenigen Metern öffnet sich das Tal zu einer weiten Heidefläche, die leicht ansteigt. Der dunkelgrüne Wacholder steht im schönen Kontrast zu violetten Heideflächen. Silbernweiße Birken rauschen im Wind. Heidschnucken, von Hütehunden umsorgt, grasen als Landschaftspfleger.

Die sogenannte Bachschwinde ist vielen ein Geheimnis. Kurz vor dem Parkplatz versickert der Büsenbach, taucht 400 Meter weiter wieder auf, mündet dann in die Seeve. Des Rätsels Lösung: Zuvor ist er auf einer Schicht aus Lehm oberirdisch geflossen. Dann lässt Sand das Wasser durch, der Bach versickert und sucht sich seinen Weg unter der Oberfläche. Nach kurzer Strecke sprudelt er wieder hervor.

Adresse Am Büsenbach 35, 21256 Wörme | **Anfahrt** von der A1 (Ausfahrt Dibbersen) über Vaensen und Buchholz Richtung Holm, kurz vor Holm rechts in die Straße Am Büsenbach | **Tipp** Kleiner Anstieg, aber der lohnt sich: Vom Hügel Pferdekopf aus (80 Meter hoch) hat man einen guten Überblick.

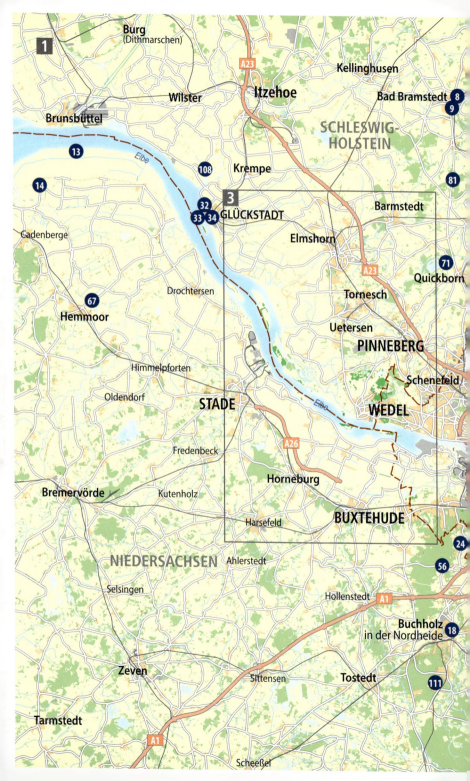

Jochen Reiss
111 Orte in und um Göttingen, die man gesehen haben muss
ISBN 978-3-7408-1353-6

Jochen Reiss
111 Orte in Nordfriesland, die man gesehen haben muss
ISBN 978-3-7408-1491-5

Jochen Reiss
111 Orte in Kiel, die man gesehen haben muss
ISBN 978-3-95451-705-3

Jochen Reiss
111 Orte im Fünfseenland, die man gesehen haben muss
ISBN 978-3-7408-1419-9

Jochen Reiss
111 Orte am Nord-Ostsee-Kanal, die man gesehen haben muss
ISBN 978-3-7408-0133-5

Jochen Reiss
111 Orte in Hamburg, die man gesehen haben muss
ISBN 978-3-7408-1211-9

Jochen Reiss
111 Orte im Alten Land, die man gesehen haben muss
ISBN 978-3-7408-0810-5

Rike Wolf
111 Orte in Hamburg, die uns Geschichte erzählen
ISBN 978-3-7408-1387-1

Jela Henning, Jens Hinrichsen
111 Orte in und um Flensburg, die man gesehen haben muss
ISBN 978-3-7408-0241-7

Sina Beerwald
111 Orte auf Sylt, die Geschichte erzählen
ISBN 978-3-7408-0726-9

Vito von Eichborn
111 Orte zwischen Lübeck und Kiel, die man gesehen haben muss
ISBN 978-3-95451-339-0

Jana Jürß
111 Orte an der Mecklenburgischen Seenplatte, die man gesehen haben muss
ISBN 978-3-95451-536-3

Alexandra Schlennstedt, Jobst Schlennstedt
111 Orte in Lübeck, die man gesehen haben muss
ISBN 978-3-95451-564-6

Sina Beerwald
111 Orte auf Sylt, die man gesehen haben muss
978-3-7408-1389-5

Alexandra Schlennstedt, Jobst Schlennstedt
111 Orte an der Ostseeküste, Schleswig-Holsteins die man gesehen haben muss
ISBN 978-3-7408-1295-9

Bernd F. Gruschwitz
111 Orte in Bremen, die man gesehen haben muss
ISBN 978-3-7408-1522-6

Maren Kaschner, Anselm Neft
111 Orte auf Rügen, die man gesehen haben muss
ISBN 978-3-7408-1549-3

Alexandra Schlennstedt, Jobst Schlennstedt
111 Orte an der Ostseeküste Mecklenburg-Vorpommerns, die man gesehen haben muss
ISBN 978-3-7408-0742-9

Bernd Flessner
111 Orte auf Juist, die
man gesehen haben muss
ISBN 978-3-7408-0548-7

Dorothee Fleischmann,
Carolina Kalvelage
111 Orte im Weserbergland,
die man gesehen haben muss
ISBN 978-3-7408-1511-0

Christine Izeki, Gerald Roemer
111 Orte im Wendland, die
man gesehen haben muss
ISBN 978-3-7408-1520-2

Ingo Stock
111 Orte auf Spiekeroog, die
man gesehen haben muss
ISBN 978-3-7408-0888-4

Jacek Auerbach
111 Orte in Oldenburg, die
man gesehen haben muss
ISBN 978-3-7408-0249-3

Annett Rensing
111 Orte in Osnabrück, die
man gesehen haben muss
ISBN 978-3-7408-1194-5

Norbert Ney, Sonja Bergot
111 Orte in Ostfriesland, die
man gesehen haben muss
ISBN 978-3-7408-1455-7

Manfred Reuter, Lena Reuter
111 Orte auf Norderney, die
man gesehen haben muss
ISBN 978-3-7408-1457-1

Kirsten Elsner-Schichor
111 Orte im Harz, die man
gesehen haben muss
ISBN 978-3-7408-1543-1

Alexandra Schlennstedt,
Jobst Schlennstedt
111 Orte in der Lüneburger Heide, die man gesehen haben muss
ISBN 978-3-95451-844-9

Cornelia Kuhnert, Günter Krüger
111 Orte rund um Hannover, die man gesehen haben muss
ISBN 978-3-7408-1351-2

Axel Klingenberg,
Thomas Hackenberg
111 Orte im Braunschweiger Land, die man gesehen haben muss
ISBN 978-3-95451-671-1

Cornelia Kuhnert, Günter Krüger
111 Orte in Hannover, die man gesehen haben muss
ISBN 978-3-7408-1513-4

Jan Gralle, Vibe Skytte,
Kurt Rodahl Hoppe
111 Orte in Kopenhagen, die man gesehen haben muss
ISBN 978-3-7408-0243-1

Tarja Prüss, Juha Metso
111 Orte in Helsinki, die man gesehen haben muss
ISBN 978-3-7408-0342-1

Christiane Bröcker,
Babette Schröder
111 Orte in Stockholm, die man gesehen haben muss
ISBN 978-3-95451-203-4

Kai Oidtmann
111 Orte in Island, die man gesehen haben muss
ISBN 978-3-95451-829-6

Thomas Fuchs
111 Orte in Amsterdam, die man gesehen haben muss
ISBN 978-3-95451-209-6

Thomas Fuchs
111 Orte in Nordholland, die man gesehen haben muss
ISBN 978-3-7408-0553-1

Rike Wolf, Tom Wolf
111 Orte in Brandenburg, die man gesehen haben muss
ISBN 978-3-95451-235-5

Lucia Jay von Seldeneck, Verena Eidel, Carolin Huder
111 Orte in Berlin, die man gesehen haben muss
ISBN 978-3-7408-1097-9

Lucia Jay von Seldeneck, Verena Eidel, Carolin Huder
111 Orte in Berlin, die man gesehen haben muss, Band 2
ISBN 978-3-95451-207-2

Alexandra Schlennstedt, Jobst Schlennstedt
111 Orte in Bielefeld, die man gesehen haben muss
ISBN 978-3-7408-0744-3

Dietmar Hoos, Susanne Hoos
111 Orte in Kassel, die man gesehen haben muss
ISBN 978-3-7408-1188-4

Lust auf mehr? Laden Sie sich die »LChoice«-App runter, scannen Sie den QR-Code und bestellen Sie weitere Bücher direkt in Ihrer Buchhandlung.

Der Autor

Jochen Reiss trainiert Medienprofis in Redaktionen in allen Stilformen und Spielarten des Journalismus. An Fachschulen und Akademien für journalistische Aus- und Weiterbildung, an Universitäten und in Unternehmen arbeitet er als Dozent. Er war Chefreporter und Stellvertreter des Chefredakteurs der Abendzeitung München. Seine Buchveröffentlichungen für emons: »111 Orte in Hamburg, die man gesehen haben muss«, »111 Orte im Alten Land, die man gesehen haben muss«, sowie »111 Orte« in und um Göttingen, im Fünfseenland, am Nord-Ostsee-Kanal, in Kiel, in Nordfriesland. Jochen Reiss lebt nördlich von Hamburg.
jochenreiss@jochenreiss.com